청소년 1인1책
창의독서법

청소년 1인1책

창의 독서법

이동조 지음

Campus
Mentor

등장인물

준수

유튜브 보기와 컴퓨터 게임을 즐기지만 책읽기는 그다지 좋아하지 않는 평범한 중학생입니다.

'굳이 책을 읽어야 할 필요가 있나?' 하는 생각을 가지고 있지만 부모님이 책읽기를 강요하는 편이라 요즘 스트레스를 많이 받고 있습니다.

그래도 호기심이 많고 재치도 있으며 엉뚱한 생각도 곧잘 해서, 창의적인 질문도 잘 던지고 토론도 즐깁니다. 항상 유쾌하고 긍정적이기 때문에 주변 친구들에게 인기가 많습니다. 그 덕에 '핑크 가든'이란 별명도 붙었답니다.

루미

판타지소설가를 꿈꾸는 중2 작가지망생. 어릴 때부터 책읽기와 글쓰기를 좋아해 초등학교 4학년 때부터 인터넷에 창작소설을 연재했습니다.

크고 작은 어린이 글짓기 대회와 각종 공모전에서 수상하며 작가의 꿈을 키워가고 있습니다. 요즘엔 커서 어떤 직업을 선택하든 평생 글을 쓰며 살고 싶다는 생각을 가지고 있답니다. 자신이 좋아하는 분야의 책은 많이 읽지만 관심이 없는 분야의 책은 많이 읽지 않는 단점도 가지고 있지요.

창독샘

책읽기와 책쓰기를 교육하는 창의독서 선생님입니다. 다양한 분야의 책을 쓴 작가이고 유명한 칼럼니스트이기도 합니다.

오랫동안 독서에 대한 새로운 방법을 도입해 인공지능과 제4차 산업혁명시대에 어떻게 하면 사람들이 독서를 잘 할 수 있을까를 연구하여 '1인1책 창의독서법'을 개발했습니다. 기존의 독서법과 다른 혁신적인 창의독서법을 루미와 준수에게 알려 주는 '독서 멘토'이기도 합니다.

창의독서법(창독)이 우리 가족에게 가져다 준 놀라운 기적!

우리는 '저자 가족'입니다. 아들 지우는 초등학교 6학년 때, 딸 서정이는 중학교 2학년 때 책을 출간했기 때문입니다.

먼저, 지우가 쓴 책은 초등학교 4학년 때부터 2년간 매일 한 권씩 '저자의 관점'으로 책을 읽고 발표한 1일1독서 성공담입니다.

"선생님도, 친구들도, 나라는 애가 교실에 있는지조차 모를걸!"

반에서 키가 가장 작고 아기 때부터 몸도 약해 자존감마저 낮았던 지우를 보며 '독서'를 통해 용기를 주고 싶었습니다. 게다가 학교만 갔다 오면 항상 컴퓨터 앞으로 쪼르르 달려가는 지우에게 변화가 꼭 필요했습니다. 그래서 시작한 게 하루에 한 권씩 책을 읽고 발표하는 독서 프로젝트였습니다.

지우가 책을 100권, 200권 … 등 100권 단위로 읽었을 땐 성취감이 들도록 상장과 정해진 상금을 '당근'으로 줬지요. 하지만 책을 읽지 않으면 컴퓨터를 사용할 수 없도록 '채찍'도 사용했어요. 지우와 상의해 10가지 정도의 독서규칙도 마련했습니다.

무엇보다 이 프로젝트의 가장 큰 특징은 책을 읽고 반드시 아빠에게 발표하도록 한 것입니다. 저자가 책을 쓰게 되는 과정을 생각하며 순서에 따라 소개하도록 발표방법을 정했습니다. 저자의 관점에서 왜 그 책을 쓰게 됐고 목차를 어떻게 정리했으며, 목차에 따라 어떻게 내용이나 이야기를 풀어내고 있는지 추적하도록 했던 것이지요.

저자 관점으로 책을 읽을 때는 저자의 생각을 읽고 계속 추론해야 합니다. 치열하게 생각을 해야 하죠. 머릿속에 저자의 생각과 책을 쓰는 전체 과정이 그려져야 아빠에게 발표를 잘 할 수 있을 테니까요. 이렇게 시작한 지우의 '1일1독서'는 2년 6개월간 500여 권의 독서 목록을 작성하는 성과를 거두었답니다.

독서를 시작한 지우에게 정말 많은 변화가 생겼어요. 4학년 때까지 동화는커녕 만화책 한 권 읽지 않던 지우의 독서 능력과 발표력은 급성장했습니다. 다행이 늘 자신 없어하던 지우의 자신감과 자존감도 점점 높아져 하늘을 찌르기 시작했답니다.

창의독서법을 실천한 지우는 12가지의 변화를 다음과 같이 이야기했습니다.

 지우생각 1
독서를 이루었다는 성취감이 커졌어요.

"매일 내가 이런 책을 다 읽고 발표까지 하다니 스스로 대견했고, 발표한 후에도 믿기지 않을 때가 많았어요. 한 권 한 권 책이 쌓여 100권, 200권, 300권 책읽기 목표를 달성했을 때는 정말 기분이 좋았지요. 정말 자랑스럽고 뿌듯했어요."

 지우생각 2
독서 수준이 엄청 높아졌어요.

"초등 1~2학년 정도의 독서 수준에서 정말 빠른 시간 내에 중학교 수준으로 점프한 것 같아요. 1일1독서를 하기 전까지는 책을 정말 하나도 안 읽었어요. 처음 책읽기를 시작할 때만 해도 그림동화처럼 글보다 그림이 많은 책을 좋아했어요. 그런데 계속 독서를 하다 보니 글로만 된 300쪽 이상의 책까지 어렵지 않게 읽고 발표할 수 있게 됐어요."

 지우생각 3
독서에 흥미가 생겼어요.

"매일 독서를 하다 보니 책 읽는 게 재미있다는 걸 알게 됐어요. 다양한 이야기를 읽을 수 있고 위인이나 다른 사람들의 삶에 대해 생각해 보게 됐고, 오래 전 역사를 통해 많은 걸 배울 수 있었어요. 특히 소설책을 읽을 때가 제일 재미있고 흥미로워요."

지우생각 4
어휘력이 풍부해졌어요.

"처음에는 모르는 단어나 어려운 어휘가 많았어요. 다양한 책을 꾸준히 읽다 보니 아는 단어가 굉장히 많아졌어요. 그러니까 책 읽는 속도가 점점 빨라지더라고요. 어휘력이 늘면 어려운 책도 쉽게 이해되고 두꺼운 책도 하루 만에 읽고 발표할 수 있게 되더라고요."

지우생각 5
독서 집중력이 강해졌어요.

"독서하고 발표하다 보면 점점 책을 빨리 읽을 수 있게 돼요. 매일 한 권의 책을 다 읽어야 하기 때문에 독서할 때 완전 집중해서 읽게 되거든요. 지금은 누가 방해만 하지 않으면 한 자리에서 책 한 권을 끝까지 읽을 수 있게 됐어요. 1일1독서는 그냥 책만 읽으면 안 돼요. 독서 후 꼭 다른 사람에게 발표를 해야 하거든요. 그래서 늘 발표할 내용을 생각하면서 책을 읽게 돼요. 아주 중요하거나 핵심적인 부분은 정말 집중해서 정리해 두어야 발표를 잘 할 수 있어요."

지우생각 6
학교수업이 좀 더 잘 이해가 돼요.

"1일1독서를 하면서 좋았던 건 학교 수업이 재미있어졌다는 거예요. 읽었던 책 내용이 수업 시간에 나오는 경우도 많아요. 학생들에게 던지는 선생님의 질문이 책에서 이미 읽었던 내용인 경우가 많았거든요. 아무도 대답을 못해 내가 손을 들고 맞출 때 정말 기분이 좋았어요. 수업내용이 이해가 잘되니 훨씬 독서가 재미있어지더라고요."

지우생각 7
자신감이 커졌어요.

"솔직히 전 이전엔 잘하는 게 정말 아무 것도 없었거든요. 공부도 그렇지만, 몸집도 작고 운동이나 노래 같은 것도 잘 못해서 늘 자신감이 없었어요. 그런데 1일1독서를 하면서 자신감이 부쩍 늘었어요. 책을 많이 읽는 친구는 있겠지만, 매일 매일 책을 읽고 아빠에게 발표하는 친구는 없을 거잖아요. 나만의 특별한 경험이 있으니 자신감이 생겼어요. 친구들에게도 당당해졌고 여러 친구들과 훨씬 더 친하게 지낼 수 있게 되더라고요."

지우생각 8

요약정리 능력이 생겼어요.

"책을 읽고 책이 만들어지는 과정을 정리해 아빠에게 발표를 해야 하기 때문에 핵심을 잘 요약 정리해야 해요. 발표할 내용을 미리 구상하고 머릿속에 발표할 내용을 정리하면서 책을 읽게 돼요. 특히 발표를 하면서 목차가 정말 중요하다는 걸 깨닫게 됐어요. 책의 목차를 보면서 중요한 내용을 요약정리해 두면 발표가 훨씬 더 쉬워지거든요."

지우생각 9

발표력이 점점 좋아지는 것 같아요.

"책을 읽고 난 후 매일 발표를 하잖아요. 당연히 발표력이 늘었어요. 처음에는 어떻게 발표를 해야 할지 몰라서 쩔쩔맸어요. 1분도 안 돼 발표를 마치기도 했지요. 이젠 발표 시간을 내 마음대로 조절할 수도 있어요. 또 처음엔 아빠 앞에서 발표하는 게 좀 쑥스럽고 부끄러웠어요. 그런데 지금은 아주 편하게 발표할 수 있어요. 학교 수업시간에 발표하는 것도 거의 떨리지 않아요."

지우생각 10

글쓰기 능력이 좋아지는 것 같아요.

"지금도 글을 잘 쓴다고 생각하진 않지만 실력이 많이 는 건 사실이에요. 1일1독서를 하기 전, 글이라곤 엄마아빠에게 드릴 생일카드나 일기밖에 써 본 적이 없거든요. 그런데 독서를 많이 하게 되면서 학교 글짓기 상도 받게 됐어요. 1년 전의 나를 생각하면 이건 정말 기적 같

은 일이지요. 5학년 때 선생님께서 제 글을 읽고 '글쓰기를 따로 배운 적이 있니?'라고 물어
보신 적도 있어요. 6학년 때도 실험관찰 수업에서 글쓰기를 한 적이 있었는데, 선생님께서
내 글을 많이 칭찬해 주시며 친구들에게 소개해 주신 적도 있어요."

지우생각 11
지식도 늘고 이해력도 높아졌어요.

"책을 많이 읽으니 '말싸움'도 잘하게 되는 것 같아요. 친구들이 말도 안 되는 이야기로 시
비나 장난을 걸어올 때 논리적으로 반박할 수 있게 됐으니까요. 특히 어떤 일에는 친구들과
생각이 서로 다를 수 있다는 것도 알게 됐어요. 다양한 사람들을 책 속에서 만나니 사람에
대한 이해가 늘었고, 아이디어 같은 걸 떠올려야 할 때 머리 회전도 빨라진 것 같아요."

지우생각 12
책을 쓸 수 있다는 자신감이 생겨요.

"저자 관점에서 책을 읽다보면 단순히 책의 내용이나 줄거리에만 관심을 갖는 게 아니라
그 책이 어떻게 완성되는지 과정을 이해하게 돼요. 책을 읽고 정리하고 발표하다 보면 저절
로 '나도 책을 쓸 수 있겠다'는 자신감까지 생겨요."

독서방법을 살짝 바꾸었을 뿐인데 독서는 지우에게 너무 많은 선물을 주었습니다. 지우
가 책을 출간하고 얼마 후 이번에는 중학교 2학년이던 서정이도 책을 출간했답니다. 서정
이는 초등학생 때부터 판타지소설을 좋아하는 작가 지망생이었어요. 책읽기를 좋아하던
서정이에게도 다음과 같이 조언한 적이 있습니다.

"책을 읽을 때는 독자 관점에서 책을 읽지 말고 작가 관점에서 읽어 봐. 작가가 이 책을
쓰기로 마음먹는 순간부터 어떤 생각을 하며 어떤 구성과 설계도를 가지고 썼는지를 생각
하며 독서를 하는 거야."

서정이가 중학교 1학년이던 여름방학 어느 날, 저는 이렇게 제안했지요.

"아빠 책에 소개한 창의적인 생각공식을 우리 청소년들에게도 꼭 알려 주고 싶은데, 네가 이 생각공식에 대해 소개하는 판타지소설을 한 번 써보면 어떨까?"

서정이는 조금 망설였지요.

"내가 정말 책을 쓸 수 있을까요?"

"문제없어, 왜냐하면 넌 이미 작가 마인드를 가지고 있으니까!"

결국 서정이는 저의 제안을 받아들였습니다. 중2가 되면서 서로 대화할 기회가 없었던 부녀는 이렇게 의기투합, 한 배를 타게 됐지요. 그날부터 우리는 머리를 맞댔습니다.

"프로메테우스가 불을 인간에게 주었다는 신화처럼 신이 인간에게 생각공식을 알려 주는 내용이면 어떨까?"

내 제안에 서정이는 답했습니다.

"그리스 로마 신화를 활용하자는 거죠?"

"그렇지!"

판타지소설의 큰 스토리 라인을 잡은 후 서정이는 주인공들을 한 명씩 구상해 나갔지요.

"그럼, '크레아티오(creatio)'라는 라틴어가 창조라는 의미인데 창조의 여신으로 주인공 캐릭터를 만들면 어때요?"

"오, 좋아."

"베아트룸 같은 이름의 전령도 한 명 있으면 좋겠어요."

"신비감 있는 이름이야. 그런데, 그런 라틴어는 어떻게 그렇게 잘 알고 있니?"

"그거야 판타지소설을 쓰려면 이런 라틴어 사전은 필수로 가지고 있어야 하니까요!"

서정이는 책꽂이에서 두꺼운 라틴어 사전을 꺼내 흔들었습니다.

우리가 구상한 판타지소설의 설계도는 서정이의 아이디어로 하나씩 구체화됐습니다. 드디어 6개월 뒤, 서정이는 판타지소설 한 편을 완성시켰습니다. 여러 출판사에 제안한 끝에 이 소설은 아빠와 딸이 함께 쓴 공동저서로 탄생했습니다.

창의독서법은 우리 가족에게 놀라운 기적들을 만들어 주었답니다. 단순히 책을 읽는 '독자 가족'이 아니라 직접 책을 써서 출간한 '저자 가족'으로 만들어 준 것입니다.

그저 많은 책을 읽어야겠다는 생각이 아니라 저자 관점으로 책을 쓰는 과정을 추적하는 독서. 이것이 우리 시대가 요구하는 창의적인 독서법, 바로 창독입니다.

다독, 속독, 정독이 아닌 창독 시대
독자 관점이 아닌 저자 관점으로 책을 읽어라!

"속독이나 다독이 좋을까? 정독이 좋을까? 아, 많고 많은 독서법, 뭐가 정답이야?"

독서의 방법에 따라 많은 양의 책을 읽는 것을 다독, 빠른 속도로 읽는 것을 속독, 내용을 꼼꼼히 살피며 읽는 것을 정독, 여러 번 반복해서 읽는 것을 반복독이라고 합니다. 여러 독서법 중에서도 4차 산업혁명시대 스마트세상이 된 지금, 저는 '이게 딱이야!' 할 만한 독서법을 아직 발견하지 못했습니다.

독서가 필요하다는 건 모두가 잘 알지요. 하지만 독서습관을 갖는 게 그리 쉬운 일은 아닙니다. 특히 우리 청소년들은 대부분 독서를 그리 좋아하지 않습니다. 꼭 필요한데 먹기 힘든 '쓰디쓴 보약'과 같은 거죠.

"우리 시대에 우리 청소년들에게 적합한 새로운 독서법이 필요해! 우리 시대에 꼭 필요하면서도 우리 청소년들에게 부담을 주지 않는 책읽기 방법은 없을까?"

이 질문의 답이 바로 '1인1책 창의독서법(창독)'입니다. 기존에 없던 이 책읽기 방법은 오랜 세월 창의적 사고의 원리를 연구하며 창안한 '창의방정식'을 독서법에 적용시켜 개발한 것입니다.

창독은 바로 다음과 같은 질문들에서 출발했습니다.

▶ 무조건 많이 읽어야 좋은가?

▶ 1권이라도 잘 읽는 게 좋은가?

▶ 독자 관점에서 읽을 것인가?

▶ 저자 관점에서 읽을 것인가?

▶ 1000권의 책을 독자 관점으로 읽을 것인가?

▶ 1권의 책이라도 저자 관점으로 읽을 것인가?

창독은 책을 얼마나 많이, 얼마나 다양하게 읽느냐가 중요하지 않습니다. 그보다는 먼저 한 권을 읽더라도 저자 관점에서 책이 탄생하는 전체 과정을 추적하는 독서를 해 보라고 권합니다.

책에 담겨진 정보나 지식을 외우는 시대는 지났습니다. '정보부족'이 아니라 '정보과잉' 시대이기 때문입니다. 책이 지식과 정보를 담았다는 측면에서는 그 효용성이니 가치가 계속 떨어지고 있습니다. 최신 지식과 정보는 인터넷과 유튜브에 넘쳐납니다. 스마트 기기를 통해 책에서보다 훨씬 빠르고 쉽게 최신 정보를 얻을 수 있습니다.

이제 독서법에 대한 관점을 바꾸어야 합니다. 책과 독서에서 우린 완전히 다른 가치를 발견해 내야 합니다.

책 한 권 속에는 단순히 새로운 지식과 정보만 있는 것이 아닙니다. 책 한 권에는 창조성, 예측성, 목차설계 능력, 문제발견력, 이해력, 문제해결력 등 다양한 보물들이 숨겨져 있습니다. 그 보물을 발견하지 못하는 이유는 분명합니다. 우리는 책을 '독자' 입장에서 읽는 것에 길들여져 있기 때문입니다. 대부분의 독자는 한 번도 저자가 돼 본 적이 없으니 저자 관점을 알 리가 없습니다.

그러나 관점을 바꾸어 '저자 마인드'로, '저자 입장'에서 독서를 하려고 마음먹는다면 어떨까요? 그 순간 한 권의 책 속에서 숨어있던 보물들이 하나둘씩 보이기 시작합니다.

저자 관점으로 독서를 하는 창독은 지금까지 '독자 관점'으로 책을 읽는 것과 완전히 다른 메시지를 줍니다. 저자의 관점으로 책을 읽는 것이야말로 제4차 산업혁명시대 우리사회가 요구하는 '창의적 사고', 보이지 않는 것을 추적하는 '통찰력', 앞으로 일어날 일을 미리 보는 '예측력', 무에서 어떤 패턴을 통해 유가 이루어지는지에 대한 '창조의 원리'를 터득할 수 있는 독서법입니다.

저자의 관점으로 책을 읽어 보세요. 저자가 이 책을 왜 쓰고자 했고 어떻게 썼는지 전 과정을 이해할 수 있습니다. 저자가 책을 쓴 전 과정을 이해하면 당연히 나도 책을 쓸 수 있다는 자신감이 생기고 실제로 쓰고 싶은 꿈을 꾸게 됩니다. 그리고 끝내 책을 쓰게 되며 자신의 진로와 미래를 훨씬 더 구체적으로 설계할 수 있습니다.

창독은 청소년들에게 분명 큰 힘이 될 것입니다. 딱 한 권만 읽어도 창의적 사고력을 키울 수 있기 때문입니다. 다독과 다양한 독서, 암기를 위한 독서 스트레스에서 벗어나 스스로 즐겁게 독서하고 창의적 관점에서 정리하는 습관을 가지게 될 것입니다.

창독에 한 번 도전해 보세요. 이 책과 청소년들의 꿈을 이루도록 돕는 별매품 '창의독서 진로노트'와 함께 떠나는 창의적인 독서여행에 여러분들을 초대합니다.

끝으로 이 원고를 꼼꼼하게 봐 준 중3 딸 서정이와 1인1책 우선주 실장님, 멋진 캐릭터를 그려 주신 박운음 화백님, 예쁜 책 디자인을 맡아주신 브랜드닷 김수민 대표님, 이 책이 세상에 나올 수 있게 해주신 1인1책 김준호 대표님, 진로교육기업 캠퍼스멘토 안광배 대표님께 깊은 감사의 마음 전합니다.

북한산 아래서
이 동 조

2장 | 창의적인 새로운 독서법을 찾아라!

3장 | 꿈을 현실로 만드는 창독 10단계 전략

4장 | 창의독서를 위해 알아두어야 할 독서기술

5장 | 창독에서 진로설계까지! 창의적 독서 6행

부록 | 창독 진로노트

1장

왜 '다르게'
책을 읽어야 할까?

·

·

·

책은 왜 읽어야 하는 거지? 01

🧑 샘, 왜 굳이 책을 읽어야 하나요?

🧑 준수는 독서가 재미없다고 생각하는구나!

🧑 책보다 재미있는 게 주변엔 훨씬 더 많잖아요. 부모님이나 학교에서 자꾸 읽으라고 하니까 어쩔 수 없이 책을 읽는 거예요. 내 친구들도 대부분은 그렇게 생각하거든요.

🧑 음, 컴퓨터 게임이나 유튜브 시청보다 책읽기가 더 재미있거나 쉽다고는 할 수 없지. 그건 샘도 인정!

🧑 "세상에 궁금한 모든 걸 '유튜브'에서 배웠다!" 전 솔직히 그렇게 생각하거든요.

🧑 에이, 그래도 유튜브에서 모든 걸 배웠다는 건 좀 과장 아냐?

🧑 난 진짜 그렇게 생각한단 말이야. 학교나 책에서 배운 것보다 유튜브에서 알게 된 게 훨씬 더 많은 게 사실인걸!

🧑 하하, 샘도 준수 말을 충분히 납득할 수 있어. 책 한 권을 읽는 것은 시간도 많이 걸리고 유튜브만큼 재미있는 것도 아니고, 게다가 글자로 많은 정보를 받

아들이는 게 쉬운 일이 아니란 것도 잘 아니까.

물론 전 책을 읽어도 머릿속에 별로 남는 것이 없어요.

이해해. 하지만 여러 가지 정보채널이 많다고 해서 독서가 필요 없게 됐다는 이야긴 아냐. '책은 위대한 천재가 인류에 남긴 유산'이란 말도 있듯이, 책은 인류역사에서 가장 중요한 기여를 해 왔어. 지금 우리가 경제를 발전시키고 문명을 이루고 잘 살 수 있는 이유는 책의 공이 정말 크다고 할 수 있지. 만약 책이 세상에 없었다고 생각을 해 봐. 사람은 어떤 정보나 생각, 지혜도 기록해 둘 수 없었을 거야.

책이 문명을 발전시키는 데 중요한 역할을 했다는 건 동의해요. 그렇지만 요즘은 책을 대신해 지식과 정보를 나눌 수 있는 수단이 굉장히 많아진 것도 사실이잖아요. 심지어는 과거의 정보나 외국의 다양한 지식들을 실시간 포털사이트나 스마트폰으로 검색할 수 있으니까요.

루미 말도 인정! 실제로 우리나라 어린이들을 대상으로 한 독서선호도조사에 따르면 1991년에는 "책읽기를 좋아한다."는 응답자 비율이 90% 이상이었는데 2006년 조사에선 50%로 줄었대. 아마 지금은 훨씬 더 줄어들었겠지. 단순히 책을 지식이나 정보를 얻는 수단으로 생각한다면 스마트폰의 여러 가지 최신 정보기능과 비교해 게임이 안 될 거야. 하지만 책은 오히려 편리한 지식정보 검색의 스마트 세상일수록 더 가치가 빛날 수도 있단다.

책 가치가 더 빛날 수도 있다고요? 왜 그런가요?

독서는 생각하는 힘, 즉 사고력을 길러 주는 가장 탁월하고 효과적인 방법이기 때문이지.

독서가 지금도 여전히 중요하단 말씀이죠?

그렇단다. 이건 우리가 꼭 기억해야 할 중요한 이야기야. 독서를 하는 건 지식과 정보를 얻는 수단이자 간접 체험의 기회이기도 하지. 많은 비용과 에너지와 시간을 투자해서 직접 체험해 보는 것 외에는 여전히 독서가 가장 쉬운 방법이란다. 하지만 더 중요한 건 독서를 통해 우리의 사고력을 키울 수 있다는 거야.

'사고력을 키우는 독서'가 중요하단 말씀이네요?

바로 그거야. 사고력의 종류에는 문제 발견력, 문제해결력, 아이디어 발상력, 예측력, 통합적 사고, 주도적 사고, 우선순위 의사결정력, 설계구성 능력, 소통 리더십, 발표창작 표현 능력 등이 있단다. 이것들을 한마디로 '창의적 사고력'이라고 할 수 있지.

독서를 하면 '창의적 사고력'을 기를 수 있다는 건가요?

빙고! 다양하고 많은 독서를 통해 지식과 정보, 다양한 사람들과 생각, 접해 보지 못한 세계를 엿볼 수 있다는 건 여전히 매우 중요하지. 하지만 독서가 그것이 전부라고 생각하는 건 문제가 있단다. 왜냐하면 너희들 말대로 스마트폰이나 유튜브 등을 통해서도 얼마든지 쉽게 우리가 필요한 지식과 정보를 얻을 수 있을 테니까. 그런데 스마트폰이나 유튜브 등을 통해 창의적 사고력을 키우긴 어렵지.

그래서 스마트폰이나 유튜브 등으로 지식과 정보를 쉽게 얻을 수 있는 시대일수록 책이 우리에게 줄 수 있는 가치가 더 빛날 수 있다고 말씀하신 거군요.

그렇지. 지금 우리 시대는 단순한 지식이나 정보보다는 '창의성', 즉 창의적 사고력을 더 중요하게 여긴다는 걸 기억해야 해.

창의적 사고력을 지닌 사람들이 앞으로 성공할 가능성이 높다는 의미죠?

맞아. 창의적 사고력이 점점 중요해지는 이유는 너희들이 살아가야 할 시대가 바로 '제4차 산업혁명시대'이기 때문이야. '제4차 산업혁명'에 대해서도 너희들이 꼭 알아둘 필요가 있단다.

✏ 함께 해 봐요!

※ '책을 읽지 않아도 되는 이유'와 '책을 읽어야 하는 이유'를 각각 생각하여 적어보세요.

책을 읽지 않아도 되는 이유?	책을 읽어야 하는 이유?
▶	▶
▶	▶
▶	▶
▶	▶
▶	▶
▶	▶

제4차 산업혁명시대가 요구하는 창의인재 02

샘, 저도 '제4차 산업혁명시대'란 말을 많이 들어봤어요. 무슨 의미인지는 정확히 모르지만, '알파고'나 '인공지능'을 말하는 거 맞죠?

그래, 제4차 산업혁명시대란 인류가 문명을 만들고 발전시켜오면서 인간의 삶을 혁명적으로 바꾸는 계기가 있었는데 바로 지금 4번째 혁명적인 사건이 벌어지고 있다는 의미야. 1차는 증기기관의 발명이었고 2차는 전기발명, 3차는 컴퓨터와 인터넷 발명이었지. 4차 산업혁명은 인공지능 같은 것들의 등장이고.

인공지능 같은 것이 우리 생활을 편리하게 바꾸어 주는 시대죠?

맞아. 4차 산업혁명시대는 다양한 정보가 '디지털 네트워크'로 연결되어 우리 인간에게 아주 큰 영향을 미치는 시대라고 말할 수 있지. 그래서 제4차 산업혁명시대를 대표하는 다음과 같은 핵심 용어들은 알아 두면 도움이 될 거야.

빅 데이터 Big data 기존 데이터에 비해 훨씬 많고 크고 방대해 이전 방법이나 도구로 수집, 저장, 검색, 분석, 시각화 등이 어려운 정형 또는 비정형 데이터

클라우드 Cloud 데이터가 인터넷과 연결된 중앙컴퓨터에 저장되어 인터넷에 접속

하기만 하면 언제 어디서든 데이터를 이용할 수 있는 것.

웨어러블 Wearable '착용할 수 있는'이란 뜻. 착용하는 스마트기기나 기술

SNS Social Network Services/Sites 특정한 관심이나 활동을 공유하는 사람들 사이의 관계망을 구축해 주는 온라인 서비스

GPS Global Positioning System 인공위성 자동위치측정 시스템. 위성에서 보내는 신호를 수신해 사용자의 현재 위치를 계산함.

IoT Internet of Things 사물인터넷. 사물에 센서를 부착해 실시간으로 데이터를 인터넷으로 주고받는 기술이나 환경

블록체인 Blockchain 전자화폐인 모든 비트코인 Bitcoin 거래 내역이 기록된 디지털 공개 장부. 온라인 금융이나 가상화폐 거래에서 해킹을 막는 기술. 기존 금융 회사들은 중앙 서버에 거래기록을 보관하지만 블록체인은 거래에 관여한 모든 컴퓨터가 동시에 기록을 보유한다는 점이 특징

서비스 디자인 Service Design 단순히 보이는 모습이나 작품을 디자인하는 것이 아니라 제품의 탄생, 소유에서 폐기까지 보이지 않는 전체 과정을 디자인한다는 의미

3D 프린팅 3D Printing 프린터로 자동차, 집, 의자, 부품, 장난감 등 물체를 뽑아내는 기술

증강현실, 가상현실 Augmented Reality, Virtual Reality 현실의 이미지나 배경에 3차원 가상 이미지를 겹쳐서 하나의 영상으로 보여 주는 기술이 증강현실, 배경이나 이미지가 모두 진짜가 아닌 가상의 이미지를 사용하는 것을 가상현실 이라고 함.

플랫폼 Platform 어떤 장치나 시스템의 기본이 되는 기초적인 틀이나 골격. 하나의 시스템을 바탕으로 하는 핵심 운영체제를 말함. 어떤 일을 진행하는 데 기초가 되는 정거장 같은 개념

핀테크 Fintech 은행이나 보험 등 돈과 관련된 금융 분야와 스마트기술의 합성어로 예금, 대출, 자산 관리, 결제, 송금 등 다양한 금융 서비스가 IT, 모바일기술과 결합된 새로운 유형의 금융 서비스. 가상화폐인 비트코인도 핀테크의 일종

게임화 '모든 걸 게임화한다'는 의미로, 게임에서 흔히 볼 수 있는 재미·보상·경쟁 등의 요소를 다른 분야에 적용하는 기법. 공부도 게임화를 통해 재미있게 할 수 있는 아이디어들이 많이 연구됨.

뭔지는 몰라도 왠지 4차 산업혁명시대에는 공상과학영화를 보는 것 같은 흥미진진한 일들이 많아질 것 같아요.

뭐가 그렇게 흥미진진해? 너무 새로운 단어들이라 어렵기만 한데.

뭐가 어렵냐?

빅데이터니 핀테크, 블록체인이니, 전부 다 눈에 보이지도 않고 손에 잡히지도 않고 그냥 모호하잖아. 마치 상상 속의 또 다른 세상처럼!

와우, 루미야! 네가 방금 아주 중요한 걸 말해 주었구나. 우리가 제4차 산업혁명시대를 제대로 이해하는 건 단순히 위에 나온 새로운 용어를 아는 것이 중요한 건 아냐. 정말 중요한 건 바로 루미가 말한 '그거'야.

아! 제가 말한 거요?

그래. 보이지 않는다는 거 말이야. 제4차 산업혁명시대의 진정한 본질은 '보이는 세상'과 '보이지 않는 세상'의 경계가 허물어졌다는 거야. 보이지 않는 세계는 배후에서 보이는 세계를 지배한단다. 우리에게는 보이지 않는 걸 볼 수 있는 생각의 힘이 점점 필요해지고 있어.

아, 알겠어요. 눈에 안 보이거나 만질 수 없는 것들이 우리의 삶에 더 큰 영향을 주게 되는 게 4차 산업혁명이니까, 우리에게는 보이지 않는 걸 잘 이해할 수 있는 창의적 사고력이 더 필요하게 될 거란 말씀이죠?

정답! 실제로 요즘 은행을 이용하거나 택시를 부르거나 호텔을 예약하거나 음식 배달을 시킬 때 스마트폰을 켜고 네트워크에 접속해서 요청하는 경우가 많잖니? 그런데 그곳들은 실체가 없잖아. 그냥 정보를 한 데 모아 연결시켜 주는 디지털 플랫폼일 뿐이야.

만질 수도 없고 보이지도 않지만 분명히 있는 것, 보이지 않는 세상을 아는 게 제4차 산업혁명시대의 비밀을 아는 거네요.

그것이 바로 보이는 지식이나 정보뿐만 아니라 보이지 않는 걸 볼 수 있는 '통찰력'이 필요한 이유야. 제4차 산업혁명시대에 '상상력', '사고력', 새로운 생각을 할 수 있는 '창의력'이 점점 중요해지는 이유이기도 한 거고.

함께 해 봐요!

※ 인공지능과 인간지능은 각각 어떤 특징이 있는지 생각해 보고 다음 칸에 적어 보세요.

인공지능(휴먼로봇)의 특징과 장점은?	인간지능(인간 능력)의 특징과 장점은?
▶	▶
▶	▶
▶	▶
▶	▶
▶	▶

너희들이 나중에 우리나라에서 제일 큰 대기업에 취업한다면 어떨 것 같니?

와, 당연히 기분이 좋겠죠.

취업에 성공하려면 반드시 '창의성 면접'을 거쳐야 해.

창의성 면접은 뭘 묻는 거예요?

한 기업이 낸 면접 질문을 한 번 소개해볼까?

오, 좋아요!

그럼 잘 들어봐.

유료 블록 체험장에서 블록 분실사고가 자주 일어나고 있다. 안내방송을 하면서 분실 추세가 감소하긴 했지만 여전히 한정판이나 값비싼 블록의 분실율은 떨어지지 않았다. 대신 분실 시 책임을 묻겠다는 경고방송 때문에 잠재적 절도범으로 모는 것 같아 기분이 나쁘다며 환불을 요구하는 고객이 늘었다. 현재 체험장에는 CCTV, 아르바이트생,

작업대, 안내방송, 블록 정리대, 블록조립설명서 등이 있는데, 이것들을 활용해 체험장이 안고 있는 문제를 해결할 수 있는 창의적인 방법은?

아, 쉽지 않은데요.

그렇지.

블록 체험장 공간 안에 있어야 할 한정품과 고가품의 블록제품을 일부고객이 몰래 훔쳐가 골치 아픈 거네요. 그렇다면 한정품이나 고가품이 블록 체험장을 벗어나지 못하게 하는 아이디어를 찾으면 어떨까요?

어떻게?

한정품이나 고가품에 한해 고객이 블록 조립설명서를 보고 직접 작업대에서 조립한 후 완성품을 반납하도록 하면 어떨까요?

아, 거기에다 마음에 들면 조립하던 거 살 수 있게 하면 더 좋겠어요. 일부는 집에서 마저 조립하고 싶은 마음이 생겨 블럭을 훔쳐갈 수도 있으니까요.

오, 너희 생각이 모두 괜찮은데? 사실 이 질문에 정답은 없어. 질문을 던진 기업은 그냥 지원자들의 다양한 생각과 아이디어를 들어보는 거지. 얼마나 문제를 잘 이해하고 참신하고 창의적으로 문제를 해결할 수 있는지 또 논리적으로 잘 발표할 수 있는지 알아보자는 취지니까.

아, 그렇군요.

기업에서 낸 창의성 면접 문제들을 몇 개 더 소개해 볼까?

1. '무편집 방송'에 대해 콘텐츠, 미디어, 힐링, 디지털, 마케팅 등의 측면에서 설명하라.

2. 최근 뱀이 많은 사람을 다치게 하거나 죽는 사고가 발생하고 있다. 어떻게 창의적으로 해결할 것인가?

3. 30년 후 휴대폰 패러다임*이 어떻게 변할까를 예측하라.

4. 높이나 위치, 촉각 등을 이용해 맞벌이 부부들이 아기를 키울 때 도움이 될 20년 뒤 기술을 상상하라.

5. 교통사고를 줄이는 논리적이고 창의적인 방안을 찾아보라.

6. 보복 운전 방지를 위한 새로운 시스템을 고안해 보라.

7. 흰 옷을 좋아하는 사람이 음식을 흘리며 먹는 습관 때문에 흰 옷을 입지 못한다. 몇 년 뒤 맘대로 흰 옷을 입게 됐다면 어떤 기술이 개발된 덕분일까?

- 언론 공개 또는 합격자 수기에 소개된 삼성그룹 창의성 면접 문제들

 문제들을 다시 한 번 꼼꼼하게 읽어 보렴!

 하나같이 재미있고 흥미가 있어요.

 와, 어렵긴 하지만 수학시험이 아니라서 천만다행이네요.

 후훗, 이 문제들에 대해 창의적인 답을 생각한 후 발표를 하고 토론을 해야 하지. 정해진 정답은 없지만 이게 더 어려울 수 있단다. 정답이 없다는 건 지식이나 정보를 얼마나 많이 알고 있느냐 보다는 생각을 얼마나 잘하느냐를 평가한다는 의미니까. 앞으로 모든 기업들은 점점 더 사고력을 높은 비중으로 평가하면서 직원들을 선발하게 될 거야.

* 패러다임 paradigm : 어떤 시기에 주를 이루는 생각의 틀이나 체계

✏️ 함께 해 봐요!

※ 기업 창의성 예상문제에 대해 자신의 생각이나 아이디어를 적어 보세요.

▸ 우리나라 미세먼지를 줄일 수 있는 아이디어 :

▸ 더 많은 학생들이 책을 더 많이 읽게 할 수 있는 아이디어 :

▸ 인공지능 로봇이 반드시 지켜야 할 행동지침 5가지를 정한다면? :

우리시대 독서가 정말 필요한가요?

04

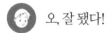 오, 잘 됐다!

 왜?

생각해 봐! 샘 말씀대로 점점 지식이나 정보가 중요하지 않게 되잖아. 그러면 굳이 우리가 독서를 힘들게 할 필요도 없는 거지?

하하. 어느새 우리 준수는 독서를 하지 않을 핑계거리까지 생각했구나!

넌 정말 잔머리 대마왕이라니까!

물론 그렇게 생각할 수도 있지만, 아쉽게도 오히려 4차 산업혁명시대에 독서는 이전보다 아주아주 중요해진단다.

왜요?

보이는 지식이나 정보뿐만 아니라 보이지 않는 걸 볼 수 있는 '통찰력'이 점점 중요해지고 있다고 했지?

네!

그동안 우리는 독서할 때 책에 들어 있는 지식이나 정보를 중요하다고 생각해 왔어. 하지만 지식과 정보는 이제 정말 쉽게 얻을 수 있는 시대가 됐잖아. 검색하면 안 나오는 정보가 거의 없으니까.

맞아요.

그것도 모두 공짜로.

그건 다시 말해 지식이나 정보를 돈 주고 사는 사람은 이제 없다는 것과 같은 말이지. 또 다른 의미로는 우리 머릿속에 지식이나 정보를 얼마나 많이 암기하고 있느냐는 별로 쓸모가 없다는 말이기도 하고.

그러니까 이제 재미도 없고 별로 쓸모도 없는 책을 굳이 힘들게 읽을 필요가 없는 거잖아요.

그런데 그게 그렇지가 않단다. 독서를 통해 우리는 지식이나 정보도 얻지만 보이지 않는 통찰력과 창의적 사고력을 키울 수도 있지. 단지 우리 인류는 그동안 독서하는 방법을 '지식이나 정보'를 얻는 것 중심으로만 생각해 왔을 뿐이야. 독서를 하면 얻을 수 있는 것들은 생각보다 훨씬 많단다.

독서를 하면 얻을 수 있는 것들
• 다양한 지식과 정보를 얻을 수 있다.
• 인류가 오랜 옛날부터 연구하고 찾아낸 다양한 지혜를 쉽게 터득할 수 있다.
• 내가 직접 보거나 경험할 수 없는 과거, 다른 먼 곳, 미래의 일을 '간접 경험'으로 알 수 있다.
• 자기 생각이나 아집에 빠지지 않고 객관적인 시각, 다양한 관점을 얻을 수 있다.
• 문제를 해결할 수 있는 좋은 아이디어를 얻을 수 있다.
• 독서를 통해 이해력, 예측력, 문제해결력 등 사고력을 키울 수 있다.

- 생각을 정리하여 조리 있게 구성하고 표현할 수 있는 능력을 키워 준다.
- 글이나 책을 잘 쓸 수 있게 만들어 준다.
- 한 분야의 전문가가 될 수 있는 가능성을 높여 준다.
- 자신의 꿈과 진로를 찾고 스스로 직업을 창조해 낼 수 있는 역량을 키워 준다.
- 인생의 목표를 보다 잘 달성하거나 성공확률을 높여 준다.
- 책이 어떻게 창조되는지를 생각하면 창의적 사고를 할 수 있다.

오, 독서가 우리에게 주는 게 생각보다 정말 많네요!

물론이지. 독서는 여전히 우리의 꿈을 이루는 데 가장 필수적이면서 가장 좋은 방법이란다.

아, 망했다. 망했어. 이제 책을 안 읽어도 되는 세상이 오나 기대했더니~.

히히, 우리 준수! 마른하늘에 날벼락이 떨어지네.

준수야, 그래도 너무 실망하지 마. 너에게 좋은 소식도 있으니까.

 함께 해 봐요!

※ 다음 글을 읽고 고정욱 작가님은 왜 독서를 해야 한다고 주장하고 있는지 이유를 찾아 정리해 보고 자신의 생각을 적어 보세요.

> "삶의 고통은 결코 벗어나거나 잊히는 것이 아니다. 그저 이겨 내야 하는 것이다. 이겨 내는 용기를 우리는 누구나 갖고 태어났다. 다만 그 용기를 써먹지 못할 뿐이다. 내가 내 안에 있는 용기를 끄집어낼 수 있었던 것은 바로 독서의 힘이다. 책 속의 수많은 주인공은 결코 포기하지 않고 자신의 꿈과 희망을 위해 노력한다. 그들이 했다면 나도 할 수 있다. 우리에겐 밝은 쪽으로 삶의 방향을 돌릴 수 있는 능력이 있다. 내가 오늘 선택하고 실천하면 이루어진다. 책에 있는 수많은 주인공들이 나에게 가르쳐 준 결론이다."
>
> – 고정욱 작가 〈열정을 만나는 시간〉(특별한 서재)

▸고정욱 작가님이 말하는 독서의 힘 :

▸나의 생각 :

읽어야 할 책은 너무 많고 금방 도움도 안 돼요!

05

저에게 좋은 소식도 있다고요?

당연하지.

그게 뭔데요?

4차 산업혁명시대에 독서가 더 중요해졌다는 건 이해했지? 하지만 사실 전제 조건이 하나 있어. 그긴 우리가 그동안 알던 책을 바라보는 관점을 바꾸어야 한다는 점이야.

책을 대하는 관점이요?

그래. 예를 들어 볼게. 내가 만약 "지식이나 정보가 책 속에 가득하니 독서를 많이 해야 해."라고 말한다면 너희들은 어떻게 대답할까?

'검색'하면 되는데요?

하하, 착하면 척이군. 그래, 너희들은 바로 그렇게 말하겠지. 단순히 지식, 정보를 얻고자 독서를 해야 한다고 말한다면 너희들은 설득당하지 않을 거야. 조금만 더 있으면 인공지능이 몇 초 만에 방대한 자료를 모조리 검색해 너희에게 필요한 정보나 지식을 대신 다 찾아 줄 테니까.

그건 그래요.

그러니까 제4차 산업혁명시대에는 인간의 눈에는 잘 보이지 않는 세계를 볼 수 있는 '통찰력'이 필요하다고 말했잖니? 그건 통찰력을 가진 '창의적인 사람'이 필요하다는 뜻이야.

'통찰력'과 '창의력'을 기르는 독서를 해야 한다는 말씀이세요?

맞아. 요즘 '창의성 세미나'나 '인문학 특강', '철학 강좌'들이 사람들에게 인기를 끄는 이유가 그것 때문이야.

하긴 학교에서도 자유학기제나 자유학년제로 창의교육이나 토론, 체험실습을 많이 하는 편이죠.

자, 이쯤에서 샘이 퀴즈 하나 내 볼게?

네, 좋아요.

지식이나 정보를 얻기 위한 독서법에선 책을 많이 읽으면 좋을까, 적게 읽으면 좋을까?

당연히 많이 읽는 게 낫죠.

그럼 통찰력과 창의성을 키우는 독서법에도 책을 많이 읽어야 할까?

독서량은 별로 중요하지 않을 것 같은데요?

당연히 그렇겠지? 딱 한 권을 읽어도 얼마나 나를 변화시키느냐, 창의적 사람으로 만드느냐, 생각하는 힘이 커지는 데 도움이 되느냐가 더 중요할 테니까.

아, 한 권만 읽어도 제대로 읽으면 된다는 건, 저에겐 정말 해피한 소식이네요. 하하!

금세 표정이 확 밝아지네! '핑크 가든'을 머리에 가지고 다니는 우리 준수! 그렇게 좋아? 응?

어, 무지 좋아!

함께 해 봐요!

※ 다음 글을 읽고 박경철 작가님은 왜 독서를 해야 한다고 주장하는지 이유를 찾아 정리해 보고 자신의 생각을 적어 보세요.

> "독서는 간접체험을 통해 정규교육에서 얻을 수 없는 지혜를 연마하게 해 주고 다른 사람의 생각을 읽고 이해하는 능력을 키워 주며, 다양한 분야를 통섭하는 방법을 알려 준다."
>
> – 박경철 〈시골의사 박경철의 자기혁명〉

▸ 박경철 작가님이 말하는 독서의 힘 :

▸ 나의 생각 :

재미없는데다 내용을 기억해야 하니 부담돼요

06

샘, 독서가 재미없는데 학교에서나 부모님들이 억지로 책을 읽으라고 하니 어쩔 수 없이 읽긴 읽어야 하잖아요. 그러다 보니 책을 더 싫어하게 되는 것 같아요.

그건 그래! 누가 시키면 더 하기 싫어지지.

'방 청소 좀 해볼까!' 생각하다가 엄마가 '방 청소 좀 해!'라고 하면 갑자기 하기 싫어지는 것처럼!

재미없는 책을 자꾸 읽으라 하면 더 읽기 싫어지는데, 읽기는 읽어야 하니까 흥미 위주의 독서를 하게 된다는 말이지?

맞아요. 많은 청소년들은 그런 마음을 가지고 있을 거예요.

저도 좋아하는 분야의 책들만 골라 읽는 편인데요, 재미없는 것보다는 재미있는 게 나으니까요. 재미있는 책들도 많기는 해요. 판타지소설이나 로맨스소설은 흥미롭고, 상상력을 자극하니까요!

제 주위에도 글자만 빽빽이 있는 책은 싫어하지만, 만화책은 좋아하는 친구들이 많아요.

독서하기 싫어지는 이유 중에는 독서하는 방법을 잘 몰라서 그런 것도 있단다.

우린 책 내용이나 스토리를 기억하는 것이 독서를 잘하는 거라 생각했어요. 그런데 시간이 지나면 책 내용은 대부분 잊어버리게 돼요.

맞아 맞아! 어렵게 책을 끝까지 읽어도 별로 기억에 남는 게 없으니까 독서가 재미없어지는 것도 있고.

그런데 독서가 재미있어서 시작한 게 아닌데 독서를 하다 보면 독서가 매우 재미있다는 걸 발견하는 경우가 많아.

판타지소설이나 로맨스소설이나, 그런 게 아닌데도요?

그래, 발명가이자 독서광이었던 에디슨 이야기를 들려줄게! 에디슨은 무려 2399번의 실패 끝에 전구실험에 성공했단다. 아마 너희들에게 2399번을 도전해야 한다고 하면 어떻겠니?

헐, '청소년 학대 죄' 아닌가요?

그럴 수도 있지. 그런데 정작 에디슨은 자신이 몇 번 도전했는지 중요하지 않았어. 그냥 그 전구실험이 정말 시간가는 줄 모르게 즐겁고 재미있었던 것뿐이니까. 뭔가에 즐거움을 느낀다면 저절로 몰입하게 되고 좋아하게 되지. 수천 번도 수만 번도 포기하지 않고 도전할 수 있게 되는 거야.

독서도 마찬가지라는 말씀이죠?

그렇단다. 책을 읽으면서 자신이 가 보지 못한 세상을 볼 수 있지. 자신이 생각하지 못한 지혜, 혼자 힘으로는 만날 수 없는 사람들, 자신이 결코 상상하지 못했던 일들을 만나는 걸 상상해 봐. 그런 기대감이 생기면 책 읽는 습관을 좀 더 빨리 가질 수 있을 거야!

 함께 해 봐요!

※ 왜 위인들은 책을 좋아하고 책을 많이 읽었는지 생각해 보고 정리해 보세요.

세종대왕 : 좋은 책을 백 번 읽고 백 번 생각하다.

이덕무 : 책으로 마음과 정신을 다스리다.

김득신 : 좋은 옛 글 중 짧은 글을 반복해서 읽다.

나폴레옹 : 책 속에서 창의력과 용기를 얻다.

링컨 : 날마다 읽고 생각하고 외우고 쓰다.

에디슨 : 끊임없이 의심하고 생각하며 책을 읽다.

헬렌 켈러 : 책 읽기로 장애를 극복하다.

정조대왕 : 세상을 보는 눈과 마음을 책으로 키우다.

이황 : 온 정신을 집중하여 책을 읽다.

서경덕 : 책을 통해 사물의 이치를 배우다.

뉴턴 : 책을 읽다 생기는 의문은 메모하여 해답을 찾다.

프랭클린 : 작가의 생각에 귀를 기울이며 책을 읽다.

처칠 : 책에서 읽은 좋은 단어와 문장을 외우다.

헤르만 헤세 : 마음에 드는 책부터 읽기 시작하다.

– 김문태 〈세상을 바꾼 위대한 책벌레들〉

▸ 위인들이 책을 좋아하고 많이 읽었던 이유? :

샘, 저는 친구들이 "난 책 50권 읽었다," "100권 읽었다."면서 독서량으로 자랑하는 건 별로 좋아 보이지 않았어요.

부러워서 그런 건 아니고?

누가 부럽대?

하하, 농담이야 농담!

나도 학생들이 책을 좀 더 많이 읽도록 유도하기 위한 전략이란 걸 알지만 독서량으로 경쟁을 시키거나 기록세우는 게 좋은 아이디어는 아니라고 생각해.

그렇다고 책을 많이 읽는 게 꼭 나쁜 것은 아니잖아요.

당연하지. 책을 좋아하고 책의 매력에 푹 빠진 친구들이라면 아마 시키지 않아도 책을 아주 많이 그리고 다양하게 읽을 거야.

다독보다는 정독?

정독보다는 딱 한 권만 읽는 1독! 어때? 히히

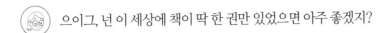

으이그, 넌 이 세상에 책이 딱 한 권만 있었으면 아주 좋겠지?

당연하지! 그럼 독서 때문에 우리가 스트레스 받을 일은 하나도 없잖아.

다독이냐, 정독이냐 하는 문제가 아니라 그것들이 모두 책의 내용에만 관심을 두고 있다는 걸 우린 생각해야 해.

독서를 한다는 건, 내용을 이해하는 거잖아요?

책의 내용에 관심을 가진다는 건 결국 책에서 지식과 정보를 얻겠다는 의미잖아.

> 다독, 속독 책을 많이 읽고 빠르게 읽어야 다양한 지식과 많은 정보를 얻는다.
> 정독, 반복독 책을 깊이 있게 집중하여 읽고 다양한 생각을 통해 지식과 정보를 얻는다.

거봐, 결국 딱 한 권만 읽는 1독이 정답이라니까.

그런 게 아니거든. 이왕이면 정독이 좋겠지만 다독이든 정독이든 그 두 가지 방법 모두 책 내용을 이해하는 데에만 관심에 두는 건데 그것보다 더 좋은 독서법이 있다는 얘기지.

아, 그런가?

루미 말이 맞아! 책을 제대로 잘 읽는 게 그만큼 쉽지 않다는 말이지.

책을 제대로 잘 읽을 수 있는 방법이 있겠죠?

그런 방법이 어디 있겠어? 다독도 하고 정독도 하고 그리고 1독도 하고~.

아니, 멋진 독서법이 있단다. 너희에게 살짝 그 비법을 알려 줄게!

 정말요?

 정말이고말고!

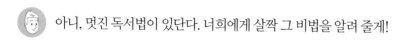

✎ 함께 해 봐요!

※ 지금까지 나와 있는 다양한 책읽기 방법에 대해 찾아보고 방법과 특징을 적어 보세요.

▸정독 :

▸속독 :

▸다독 :

▸음독 :

▸묵독 :

▸반복독 :

독서에 대한 패러다임을 바꿔라!

08

샘, 우리에게 멋진 독서 비법을 알려 주신다고 하셨죠?

저도 무척 궁금해요.

샘이 말씀하신 대로 단순히 정보나 지식을 얻는 독서법은 아니겠죠?

물론이지. 책의 내용을 이해하고 지식을 얻고 다양한 독서를 하는 것도 중요해. 하지만 그보다 먼저 한 권을 읽어도 저절로 상상력과 깨달음, 통찰력과 창의성 등 사고력을 쑥쑥 키울 수 있는 독서법이 필요하단다. '창의독서법(창독)'이라고 할 수 있지.

창독이요? 그걸 하면 정말 사고력이 쑥쑥 자라나요? 저같이 아직 책을 많이 읽지 않은 친구들도 할 수 있나요?

당연히 책을 많이 읽지 않는 친구들은 물론 누구나 창독을 할 수 있어. 그런데도 창독은 엄청 매력적이야. 왜냐하면 창독을 하면 정말 다양한 생각의 힘을 키울 수 있기 때문이지.

문제 발견력 저자가 어떤 문제를 발견하여 이 책을 쓰게 되었는지 근원을 생각할 수 있다. 보이지 않는 의도나 정보 뒤에 숨어 있는 목적을 잘 발견할 수 있게 된다.

핵심 파악력 책이 창조되는 요소와 구성을 분석하여 핵심을 파악해 나가는 과정이다. 책에 있는 다양한 요소들을 이해할 수 있다. 그 요소마다 저자가 책을 통해 어떤 이야기를 하려고 하고 어떤 핵심적인 정보나 지혜를 주려고 하는지 더 쉽게 파악할 수 있다.

통찰력 '생각하는 힘'이라고도 할 수 있다. 생각이란 어떤 정보의 재료를 다각적으로 수집하여 이들 정보의 재료를 조합하여 지금 우리에게 꼭 필요한 해답이나 지혜를 찾아내는 과정이라고 할 수 있다. 창독을 하면 저자가 이 책을 쓰게 된 동기나 의도를 분석해 낼 수 있다.

문제 해결력 수많은 일들이 '왜 why' 일어나는지 이해하는 과정이다. 어떤 원인에는 어떤 결과, 혹은 어떤 결과에는 어떤 원인이 반드시 있다는 걸 알게 된다. 책을 많이 읽다 보면 자연스럽게 정보를 수집하여 조합시키는 능력이 커지고 어떤 원인에서 어떤 결과로 이어지는지 인과관계를 찾아내 문제를 잘 해결해 낼 수 있다.

비판적 사고력 독자의 관점에서 책을 일방적으로 받아들이지 않고 저자의 관점에서 재해석한 후 이해하게 되어 객관적이고 비판적인 사고력을 키울 수 있다.

요약 능력 책을 읽고 발표하면 많은 정보들 중에 의미 있거나 특별한 정보를 뽑아내고 그것을 요약하는 능력이 커진다. 요약 능력이 왜 중요할까? 우리는 살면서 방대한 정보를 끊임없이 요약하면서 살아가야하기 때문이다. 발표도 요약이고, 숙제도 요약이고, 시험도 요약이며, 미래에 취직을 해서 회사에서 하는 일들의 대부분도 정보를 요약하는 일이다. 방대한 내용에서 핵심을 잘 요약해 내는 능력은 인생에서 아주 중요한 성공의 비결이다.

논리적 사고력 생각이나 아이디어를 눈에 보이는 결과로 만들어 내는 구체적인 설계 능력을 키운다. 프로그램 코딩 능력과 같은 논리적인 사고력을 키우는 과정이다. 창독은 통합과 분류를 연습시키므로 구조설계 능력이 저절로 커진다.

예측력 우리가 생각을 하는 이유는 앞으로 일이 어떻게 전개될 지 혹은 어떤 일이 벌어질 지 알아내기 위한 것이다. 인간의 가장 위대한 사고력 중 하나가 바로 예측력이라고 할 수 있으며 모든 성공하는 사람들의 가장 공통된 능력이다. 창독은 저자가 책을 구상하고 만들어가는 다음 단계를 예측해 나가는 과정이다.

창조력 창독은 책 한 권이 무에서 유로 창조되는 전 과정을 추적하는 책읽기다. 무에서 유가 만들어지는 원리를 이해하게 되고 책이 창조되는 전 과정을 알게 되면서 스스로 책을 쓰는 요령까지 터득하게 된다.

창의력 창의적인 사고력을 키워 준다. 책이 창조되는 전 과정의 핵심 요소와 다양한 관점을 파악하는 과정이기 때문이다. 창독을 많이 할수록 더 다양한 관점을 가질 수 있고 더 다양한 아이디어를 발견할 수 있다.

 단지 창독을 하는 것만으로 이런 사고력을 가질 수 있다면 정말 좋을 것 같아요.

 짝짝짝! 맞습니다, 맞고말고요!

※ 창독을 하면 키울 수 있는 '사고력'의 다양한 구성 요소들을 찾아 특징을 간략하게 정리
　해 보세요

▸ 문제 발견력 :

▸ 핵심 파악력 :

▸ 통찰력 :

▸ 문제 해결력 :

▸ 비판적 사고력 :

▸ 요약 능력 :

▸ 논리적 사고력 :

▸ 예측력 :

▸ 창조력 :

▸ 창의력 :

2장

창의적인 새로운
독서법을 찾아라!

·
·
·

책과 독서에 대한
새로운 관점

01

👱 창독을 하려면 '책'을 다르게 봐야 해!

🧑 책은 책이지 어떻게 다르게 볼 수 있어요?

👩 아무리 다르게 보려고 해도 책은 그냥 책일 뿐이잖아요!

👱 '다르게' 본다는 건 매우 다양한 의미가 있어. 제일 간단한 건 다른 기준으로 보는 거야. 예를 들어 여기 책 한 권이 있어.

눈에 보이는 책의 다양한 특징

- 두껍다.
- 어렵다.
- 저자의 이름을 들어본 적이 없다.
- 교과서에 수록되었다.
- 시험에 자주 출제되는 지문이 많다.
- 많은 사람들에게 통찰과 지혜를 주어 문제를 해결하는 데 도움을 준다.

👱 두께 기준으로 보면 두껍고, 난이도 기준으로 보면 어렵고, 저자인지도 기준으로 보면 낮은 책, 이런 기준으로 선정된 책이라면 사람들이 읽고 싶어할까?

아니요.

그렇다면 이번엔, 교과서 수록여부 기준으로 판단하여 볼 때 초·중·고 교과서에 수록돼 있고, 시험지문 활용기준으로 볼 때 자주 출제되는 내용이 많고, 독서 평가기준으로 많은 독자들이 통찰과 지혜를 얻었다고 추천한 책이라면 어떨까?

이런 책은 꼭 읽어야 할 것 같은데요.

같은 책이라도 이렇게 기준을 다르게 정하면 우리의 생각과 결정이 얼마든지 달라질 수 있는 거야.

준수 너도 다른 기준으로 보면 꽤 쓸모가 있긴 해. 늘 쓸 데 없는 농담과 엉뚱한 생각으로 사람들을 황당하게 하지만, 머릿속 유쾌한 '핑크 가든'에는 친구들을 화해시키거나 반에서 문제가 생길 때를 대비한 기발한 아이디어가 가득 차 있잖아.

맞아 맞아, 잔머리 굴리기 기준으로 보면 내가 왕이지!

그래, 그건 나도 인정. 그럼 우리 준수가 이 질문에 한 번 대답해 볼래? 책을 대하는 여러 가지 판단기준 중에 어떤 기준으로 보는 것이 가장 창의적일까?

아, 그렇다고 바로 어려운 질문을 던지고 저에게 풀어 보라고 하시면 저는 잔머리를 굴리다가 곧 엉뚱한 길로 빠지고 그러다가 뭐~.

이제 횡설수설은 그만!

하하, 어려운 문제니까 내가 설명해 줄게. 한 권의 책도 판단기준에 따라 무수한 특징으로 나눌 수 있겠지. 하지만 책의 관점을 '책을 쓰는 과정' 또는 '책이 창조되는 과정'으로 생각해 보는 건 어떨까?

 책을 읽을 때 그런 생각을 하는 독자들은 없을 것 같은데요?

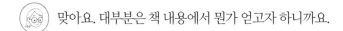 맞아요. 대부분은 책 내용에서 뭔가 얻고자 하니까요.

그러니까 책을 대하는 관점을 다르게 한 번 바꿔 보자는 거야. 책이란 건 저자가 살던 시대가 중요한 요소일 수도 있고 저자의 특별한 경험이나 생각에서 출발해 지식이나 정보로 체계화되었을 수도 있지. 그것들을 글로 표현해 결국 한 권의 책으로 창조되었다는 거야. 책의 내용은 그 오랜 과정을 통해 나온 결과 값의 지식이나 정보, 이야기일 테고.

책이 나왔다는 건, 책이 나오는 과정이 있었단 얘기겠죠?

맞아. 만약 우리가 책에 담긴 지식이나 정보, 이야기 같은 '내용'을 기준으로 보면 그것들을 어떻게 잘 이해히고 받아들이느냐가 중요한 문제일 거야. 그럼 당연히 정독이냐 반복독이냐, 속독이냐, 다독이냐 등이 중요할 거고. 그렇지?

네!

어떤 저자가 자신의 직업과 전문성, 특별한 경험이나 생각에서 출발해 거기에 지식과 정보를 보충해서 체계적으로 만들었어. 그리고 그걸 글로 표현했다면? 만들어지게 되는 시작과 끝, 그 전체 과정으로 책을 바라보게 되면 이런 질문들이 막 생겨나지.

• 저자는 시대의 트렌드*를 어떻게 읽었을까?
• 저자의 어떤 경험과 생각이 책을 쓰겠다는 마음을 먹게 했을까?

---

* 트렌드 trend : 유행하는 문화나 시대정신

- 저자는 어떻게 이런 지식과 정보를 체계적으로 정리할 수 있었을까?
- 저자는 어떤 방법으로 이런 새로운 정보와 지식, 이야기를 쓸 수 있었을까?

책 한 권 속에도 숨어 있는 정보들이 많다는 걸 알게 됐어요.

창독을 하면 저자의 관점에서 혹은 독자관점에서 훨씬 풍부한 시각을 갖고 독서를 할 수 있을 거야. 그렇지?

당연히 그렇겠네요.

그래서 우리 앞에 놓인 책을 대할 때 '책 내용'에 대한 관심을 잠시 미루고 '책의 창조 과정'을 살펴보자는 거야. 그럼 눈에 잘 보이지 않았던 책 한 권에 숨겨진 놀라운 보물을 발견할 수 있겠지?

✎ 함께 해 봐요!

※ '정독, 반복독, 속독, 다독'과 '창독'은 각각 어떤 특징과 차이가 있는지 생각하여 적어 보세요.

　책 내용에 주목하는 정독, 반복독, 속독, 다독의 특징?

▶

▶

　저자가 책을 쓰는 전체 과정에 주목하는 창독의 특징?

▶

▶

1000권을 무작정 읽을래? 1권을 창의적으로 읽을래? 02

아, 난 준수가 아니야.

어이! 핑크 가든, 얘가 갑자기 뭐래?

생각해 봐. 난 지금 이 순간의 준수라기보다는 부모님에게서 태어나 15년간 살아온 과정의 준수잖아. 그러니 지금의 난 준수이면서 준수가 아닌 거지.

음, 그런 거 같기고 하고 아닌 거 같기도 하고.

오, 준수는 벌써 자신의 존재를 대하는 태도를 다르게 볼 수 있게 됐구나. 역시 공부는 좀 못해도 새로운 관점으로 세상을 보는 재능이 대단하단 말씀이야.

샘이 막 칭찬해 주시니 제가 갑자기 몸 둘 바를~ 히히!

하하, 사실인데 뭘. 실제로 책이든 우리 자신이든 세상에 창조되는 과정이 있었을 거 아냐? 출발과 그 과정보다 눈에 보이는 결과만 찾으려고 하다 보면 우린 아주 중요한 걸 놓치게 된단다. 새로운 걸 만들어 내는 전체 과정을 파악하지 못하게 되는 거지. 자연스럽게 '창의적인 사고'를 할 수 없게 된다는 소리야.

단순히 책의 내용에만 관심을 두면 오직 책을 많이 읽는 게 최종 목표가 될 것 같아요.

바로 그게 문제야. 내용이 기준이 되는 순간 100권을 읽느냐, 1000권을 읽느냐가 중요한 관심사가 되는 거지.

샘, 책이 만들어지는 과정을 생각하며 책을 읽는 건 다른 관점의 독서법이란 말씀이죠?

맞아. 단 한 권을 읽어도 매우 의미 있지.

정말 우리 준수에게 희소식이네.

하하, 좋았어. 난 책 한 권으로 모든 걸 다 얻을 거야!

우리 준수 또 '오버 신' 출몰하신다.

책을 대하는 관점을 바꾸니 생각이 좀 달라지지? 실제로 책을 읽을 때 저자가 어떻게 책을 쓰게 됐는지를 탐색하며 읽으면 자연스럽게 다독이냐, 정독이냐가 아니라 책을 계속 읽을 것인가. 책을 쓸 것인가라는 새로운 측면을 보게 되지.

계속 책을 읽을 것인가? 책 한 권을 쓸 것인가?

나도 책을 쓸까?

지금 그 말은 지금부터 책을 읽겠다는 거지?

아, 지금 당장은 아니고~.

하하, 알겠어. 둘이 그만 왕왕거리렴.

그래도 전 기분이 확실히 좋아졌어요. '얼마나 많은 책을 계속, 계속, 계속 읽어야 하는 거야?', 까마득하고 막연했는데 한 권으로도 충분히 창독을 할 수 있다니까 갑자기 독서 스트레스가 확 사라진 것 같아요.

저도 그래요. 판타지소설이나 로맨스소설을 많이 읽다 보니 늘 다른 분야의 책을 많이 못 읽고 있다는 생각 때문에 스트레스가 있었거든요.

그래, 우리 함께 책에 대한 관점을 바꾸어 보고 창독에 대해 좀 더 자세하게 알아보도록 하자.

네. 좋아요.

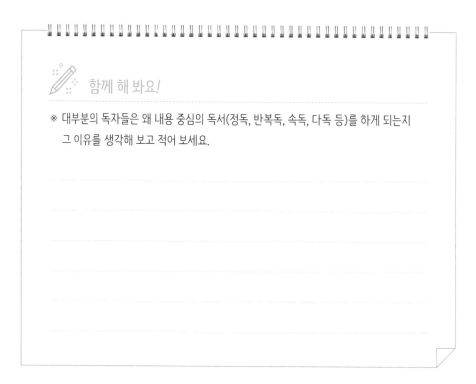

 함께 해 봐요!

※ 대부분의 독자들은 왜 내용 중심의 독서(정독, 반복독, 속독, 다독 등)를 하게 되는지 그 이유를 생각해 보고 적어 보세요.

아기 탄생이 이루어지는 과정

너희들은 이 지구상에서 가장 위대한 창조가 뭐라고 생각해?

글쎄요. 컴퓨터? 비행기? 인터넷? 아, 맞다. 학교 아닐까요?

후훗, 그것도 위대한 창조들이지만 진짜 위대한 창조는 바로 이곳에 있지! 그건 바로 '너희'야!

우리요?

그래, '너희'가 이 세상에 태어날 수 있는 가능성은 수학적으로도 무려 500억분의 1이라고! 거의 불가능의 확률이지!

하긴 그렇긴 하지. 이 넓은 우주 안에 난 나밖에 없을 테니까요!

그럼 너희들은 어떻게 창조됐는지 생각해 본 적이 있니?

아뇨, 별로 생각해 본 적 없어요.

그렇겠지! 우리들은 모두 위대한 창조를 거쳤지만, 우리 각자에게 아무리 마이크로 현미경을 갖다 대고 관찰해도 '나의 창조 과정'을 발견할 수는 없어! 왜냐하면 우린 이미 창조된 결과 값이니까.

그럼 창조성은 어디에서 찾을 수 있어요?

당연히 창조가 이루어지는 '과정'에서 찾아낼 수 있지. 시간 속에 사라졌지만 우리가 창조되는 과정은 분명히 있었을 거 아냐? 그 과정을 읽을 수 있다면 창조성 또한 찾아낼 수 있어.

과정이 이미 사라졌다면, 어디에서 어떻게 발견할 수 있을까요?

오, 좋은 질문이야. 창조가 되는 과정은 눈에 보이지 않아. 과정을 거치면서 시간 속에 지나가 버렸기 때문이야. 보이지 않는 과정을 마음으로 생각해야 비로소 그 창조성을 찾을 수 있지. 좀 거창하게 말하자면 그걸 바로 '통찰력' 이라고 하는 거야. 그 과정 전체를 파악하여 생각하고 의사결정을 하는 사고력을 '창의성'이라고 할 수 있단다.

그러니까, 보이지는 않지만 창조가 진행되는 그 과정을 마음으로 통찰해야 한다는 거죠?

아. 이해가 될 듯 말 듯! 세상에 새로운 건 '창조성'이라는 과정을 거쳐 나왔고, 그 과정을 발견해 새로운 걸 창조하려는 생각을 '창의성'이라고 하는 거군요.

바로 그거야. 예를 들어 볼게. 예쁜 아기가 태어났다고 생각해 보자. 그럼 그 전에 아기는 엄마의 뱃속에서 열 달을 건강하게 무럭무럭 자랐을 거 아냐. 학교에서 어떻게 아기가 만들어지는지 배웠지?

네, 엄마의 유전자를 담은 난자와 아빠의 유전자를 담은 정자가 만나 착상하는 거잖아요.

잘 알고 있네. 과학시험은 만날 꽝이어도 중요한 건 다 알고 있구나.

아기와 관련된 지식은 가정 시간에 배운단 말이에요.

아무튼 자궁이라는 공간에 준수 말대로 아빠 유전자와 엄마 유전자가 만나 착상을 하면 아기 씨앗이 생기고 이 씨앗이 점점 커져 열 달 후 예쁜 아기로 탄생되는 거야.

그러니까 창조라는 건 그런 창조되는 과정을 거친다는 이야기인가요?

그렇단다.

그런 과정이 '창조성'이라는 거지요?

맞아. 창조성이란 아기를 세상에 태어나게 하듯 창조하는 성질을 말하고, 창의성이란 새로운 창조가 이루어지게 하는 성질을 말하는 거지.

샘, 창의적인 생각을 하려면 창조가 되는 과정에 주목할 필요가 있겠네요?

그렇지. 그러니까 우리가 창의성을 잘 이해하기 위해서는 눈에 보이지 않는 '창조가 이루어지는 과정'을 잘 통찰해야 해.

'창조가 이루어지는 과정'은 아기가 탄생하는 과정과 같은 거 아닐까요?

오, 역시 준수는 눈치 100단! 세상 모든 것의 시작에는 아기가 창조되는 첫 단계에 있는 자궁과 똑같은 역할을 하는 '무대'가 있어. 보이지는 않지만 무언가가 시작되는 배경과 환경, 전제조건들이 갖춰진 곳을 무대라고 말해 보자. 두 번째 단계로 그 안에 어떤 두 가지 요소가 들어와 두근두근 반응하면 세 번째 단계에서 하나로 착상이 이루어지지. 네 번째 단계에서 이것이 형태를 갖춰

다섯 번째 단계에서 새로운 탄생이 완성되는 거야.

그런데 정말 세상의 모든 것이 전부 다 이런 과정을 거친다고요?

그래! 아이디어도, 문제도, 사건도, 병도, 발명도, 상품도, 비즈니스도, 사회도, 경제도, 역사도, 제도도 그 무엇도 모두 아기가 창조되는 과정처럼 똑같은 패턴*을 거쳐 창조가 된다는 점이지.

정말 신기하네요. 진짜 그렇다면 누구나 쉽게 창조의 과정을 이해하고 창의성을 가질 수 있겠네요.

그 과정을 이해하면 아이디어도, 문제도, 사건도, 병도, 발명도, 상품도, 비즈니스도, 사회도, 경제도, 역사도, 제도도 좀 더 쉽게 이해할 수 있고 우리 스스로 새로운 걸 쉽게 창조할 수 있을 거야.

그런데 정말 모든 창조 과정이 같은 패턴을 가지고 있을까요?

당연히 그런 의구심이 들 수도 있겠지. 그러니까 준수가 꾸준히 책을 읽으면서 '창조의 과정'을 파헤쳐 봐!

아, 아기가 태어나는 패턴과 책이 관계있다는 말씀이군요?

바로 그 때문에 아기 탄생 과정을 이야기 한 거야. 아기와 책은 전혀 다르지만 그것이 탄생하고 창조되는 과정으로 보면 전혀 다를 바가 없다는 거지.

아기 탄생과 책의 창조 과정이 같다?

그러니까 지금부터 '책의 창조 과정'을 한 번 파헤쳐 볼 거야. 어때, 재미있겠지?

* 패턴 pattern : 일정한 모양이 규칙적으로 반복되는 것

저자가 책을 어떻게 쓰고 만드는지 그 과정을 따라가 본다는 말씀이죠? 정말 궁금해요!

 함께 해 봐요!

※ 무 無 에서 유 有 가 창조되었다면 무→유 사이에 무엇이 있을까요? 다음 글을 읽고 아기 탄생 과정에서 '창의방정식'의 원리를 찾아 정리해 보세요.

> 먼저 눈에 보이지 않는 아기주머니 '자궁'이 필요하다. 그 주머니 안에 엄마의 유전자를 담은 '난자'와 아빠의 유전자를 담은 '정자'가 서로 만난다. 둘은 하나로 '착상'되고 그렇게 한 생명의 씨앗은 열 달을 '쑥쑥' 자라 드디어 한 생명으로 탄생된다.
> '자궁 → 난자 + 정자 → 착상 → 쑥쑥 →탄생'을 거치는 아기 탄생 과정은 우리 눈에 보이지 않는 부분과, 보이는 부분이 합쳐진 하나의 공식이다.
>
> 〈눈에 보이지 않는 부분〉
> ① 자궁 : 아기집인 자궁과 같은 창조무대 혹은 생각주머니(Think Uterus)
> ② 난자 + 정자 : 생각주머니 안에 서로 다른 것이 만나 두근두근 반응하여 조합
> ③ 착상 : 하나의 새로운 싹이나 콘셉트로 결합.
>
> 〈눈에 보이는 부분〉
> ④ 쑥쑥 : 형태를 갖추기까지 쑥쑥 성장하고 노력하고 발전하고 자람.
> ⑤ 탄생 : 아기가 세상에 태어남.
>
>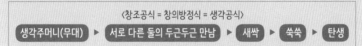
> 〈창조공식 = 창의방정식 = 생각공식〉
> 생각주머니(무대) ▶ 서로 다른 둘의 두근두근 만남 ▶ 새싹 ▶ 쑥쑥 ▶ 탄생
>
> 이 생각공식으로 창조 과정을 통찰하는 순간, 우리는 생각을 잘 할 수 있다. 세상만물의 창조 과정을 쉽게 추론할 수 있기 때문이다. 눈에 보이는 결과 값 하나만 봐도 그 속에 '6가지 관점'(자궁, 난자, 정자, 착상, 쑥쑥, 탄생)이 동시에 연결돼 있다는 걸 알게 되며 어떤 결과의 근본적인 원인들도 쉽게 추적할 수 있게 된다. 이것이 가장 높은 수준의 진정한 '창의성'이다.

▸1단계 생각주머니(무대) :

▸2단계 서로 다른 둘의 두근두근 만남 :

▸3단계 새싹 :

▸4단계 쑥쑥 :

▸5단계 탄생 :

아기 탄생과 똑같은 책의 창조 과정

샘, 아기의 탄생 과정과 책이 나오는 과정은 같다고 하셨잖아요. 좀 더 자세하게 설명해 주실 수 있나요?

아기는 '자궁 → 정자+난자 → 착상 → 10달간 쑥쑥 소중하게 키움 → 탄생' 과정을 거쳐 세상에 나오지.

그러니까 책도 같은 과정을 거쳐 나온다는 말씀이죠?

그래, 정확하게 말하자면 같은 패턴을 거친다고 할 수 있지. 책이 세상에 나오는 과정을 좀 너 구체석으로 생각해 볼까?

책도 가장 먼저 아기탄생 무대인 자궁처럼 생각주머니가 있어야 하죠?

당연히 저자가 하늘에서 책을 뚝 떨어뜨리지도 않고, 수리수리 마수리 주문을 외쳐 순식간에 책을 만들어 내는 것도 아니니까. 책 한 권이 나오기 전에 저자에게는 '이런 분야의 이런 책을 써 보면 어떨까?' 하는 생각주머니가 먼저 있었을 거야.

아, 아기주머니와 같은 거군요.

그 생각주머니 안에서 시대의 트렌드와 저자의 삶, 저자와 다른 사람의 만남,

저자의 새로운 발견, 저자의 연구결과 등이 서로 연결되어 구체적인 책의 아이디어가 나오겠지.

 보이지 않지만 저자는 책을 쓰기 전에 정말 많은 생각과 고민을 했을 것 같아요.

 바로 그거야. 우리 눈에 보이지는 않지만 반드시 그 과정이 있었다는 거지. 부모님의 유전자가 아기주머니에서 만나 하나가 되는 과정은 책의 아이디어가 떠오르는 과정과 하나도 다를 게 없어. 이 세상의 모든 책들은 만들어질 때 저자의 생각주머니가 있었을 거란 얘기지.

책을 쓰기 전 저자의 생각주머니

1. 아직 우리 인류에겐 제대로 된 독서법이 없어. '자기계발 독서법' 분야에 창의적 사고를 키울 수 있는 창의독서법에 대한 비법을 제시하는 책을 쓸 거야!

2. 그리스 로마 신화의 제우스는 정말 재수 없는 캐릭터야. '소설' 분야에서 만약 이 제우스가 현대 인물로 환생한다면 어떤 인물이 될까 상상력을 발휘하는 작품을 써 볼 거야!

3. 우리나라에는 위대한 사상가가 없었던 것인가? '역사' 분야에서 우리의 정신과 철학에 영향을 끼친 사상가들을 발굴하고 연구한 후 그들의 생각을 체계적으로 정의하고 쉽게 소개하는 책을 써 볼 거야!

 아, 알겠어요. 저자는 이런 고민 과정을 반드시 거쳐야 하는 거군요.

 그래. 저자는 쓰려는 책의 분야를 먼저 정한 후 자신의 재능이나 경험, 연구결과들을 서로 엮고 섞어서 그 이야기나 지식, 정보, 해결책을 전해야겠다고 마음먹었겠지. 그러면 이렇게 착상된 아이디어를 독자들에게 잘 전달하기 위해 어떻게 해야 할까?

음, 잘 모르겠는데요.

아기는 엄마 뱃속에서 열 달 동안 각각 신체부위가 조금씩 자라 점점 완전한 아기로 성장하잖아. 그것을 생각해 보렴.

목차와 관련이 있지 않을까요? 왜냐하면 모든 책은 책 본문이 시작되기 전에 목차가 있잖아요.

그래, 잘 맞췄어. 아기가 뱃속에서 정해진 순서에 따라 차근차근 성장해 나가듯 책도 목차에서 정한 대로 써 내려가면 되는 거야. 설계도를 보면 목표와 과정, 우선순위를 알 수 있고 시간표를 세울 수가 있지. 세상 모든 창조에는 반드시 설계도가 있단다.

1. 책쓰기를 할 때 주제를 전달할 목차를 설계한다.
2. 소설을 쓸 때 구성도(발단-전개-위기-설정-결말)를 스케치한다.
3. 결혼하자고 프러포즈할 때 이벤트를 치밀하게 계획한다.
4. 집을 지을 때 실계도를 그린다.
5. 요리할 때 레시피*를 정리한다.
6. 컴퓨터 프로그램을 개발할 때 순서도를 그린다.
7. 회사가 물건을 홍보하는 마케팅을 진행할 때 구체적인 '로직트리'를 구성한다.
8. 꿈이나 목표를 달성해야 할 때 구체적인 실행 계획표를 짠다.

로직트리 logic tree 로직트리란 나무줄기에서 가지로 뻗어나가는 모양처럼 정보를 쪼개는 정보관리 기법이다. 겹치거나 빠뜨리는 것 없이 분류하여 주제가 보다 선명해지게 한다.

아, 그리고 보니 우리 담임선생님께서도 지난번에 한 학기 수업계획서를 미리 만들어 놓아야 한다고 말씀하신 적이 있어요.

* 레시피 recipe : 음식을 만드는 조리법

모든 결과는 형태는 다양하지만 설계도를 거쳐 세상에 나오는 셈이지. 샘 말씀을 듣고 보니 책이 나오는 과정과 아기가 태어나는 과정이 정말 별로 다를 게 없는 거 같아요.

우리 눈에 보이지 않는다고 없다고 할 수는 없는 거란다. 우리는 눈에 보이는 것들을 중심으로 책을 읽지만, 사실 눈에 잘 보이지 않는 과정을 거쳐 그 책이 탄생했다는 걸 꼭 명심해 두어야 해.

✏ 함께 해 봐요!

※ 아이폰과 유튜브가 만들어지는 '창의방정식' 과정에 대한 다음 글을 읽고 아기 탄생 과정과 비교해 닮은 점을 생각해 정리해 보세요.

> 스티브잡스의 '아이폰'이나 스티브 첸의 2조 원짜리 '유튜브'는 어떻게 창조되었을까? 스티브 잡스 전기에 따르면 잡스는 잘 나가던 디지털카메라 시장이 한순간에 망하는 걸 보고 고민에 빠졌다.
>
> <u>창조</u> 디지털카메라 시장이 망함
> ← <u>쑥쑥</u> 핸드폰으로 사진을 찍는 사람들이 점점 늘어남
> ← <u>착상</u> 카메라 기능이 장착된 핸드폰 아이디어
> ← <u>만남</u> 핸드폰 기능과 카메라 기능이 서로 결합
> ← <u>생각주머니</u> 카메라 핸드폰에 대한 상상
>
> 창조공식을 적용해 역순으로 사건의 전모를 통찰하는 게 바로 '핵심 파악 능력'이다. 여기에서 인문학적 통합 능력인 생각주머니가 만들어진다. 당시 아이팟이 최고로 잘 나가고 있었지만 잡스의 고민은 깊어갔다. 휴대폰으로 디지털카메라가 망하는 과정을 보고 아이팟의 어두운 미래에 대해 생각하지 않을 수 없었기 때문이다. 이때부터 아이폰의 창조공식이 작동하기 시작한다.
>
> <u>생각주머니</u> 휴대폰으로 디지털카메라 회사들이 망하는 과정을 보고 아이팟의 미래 고민
> → <u>만남</u> 아이팟과 태블릿PC 사업의 화면터치기술과 아이디어들의 두근두근 조합
> → <u>착상</u> 인터넷기능의 컴퓨터와 아이팟을 결합시킨 스마트폰 콘셉트
> → <u>쑥쑥</u> 6개월간 매일 팀 회의를 거쳐 제품의 기능을 보완, 디자인 완성도를 높여감
> → <u>창조</u> 세상을 바꾼 아이폰 창조

2조원에 매각한 유튜브의 창조 과정도 비슷하다. 이 영상포털 사이트를 만든 젊은 창업자 스티브 첸은 공연을 하던 유명한 여가수의 이슈*영상이 너무 보고 싶었지만 도무지 검색사이트에서 찾을 수가 없었다.

> 창조 화가 나고 짜증이 남
> ← 쑥쑥 보고 싶은 영상을 아무리 검색해도 찾을 수 없었음
> ← 착상 해당 영상을 공개하는 사이트가 없음
> ← 만남 영상과 포털사이트가 서로 만나 잘 조화되지 않음
> ← 생각주머니 텍스트 중심의 포털

첸이 문제를 발견한 건 그저 창조 과정을 거꾸로 추적한 덕분이다. 이 순간 생각주머니가 만들어졌고 창조적인 아이디어가 나왔다. 영상에 대해 전혀 아는 것이 없던 첸은 동료들과 함께 영상 전문 포털사이트인 유튜브를 만들었다.

> 생각주머니 보고 싶었던 동영상을 찾지 못해 짜증난 과정을 보고 쉽게 찾도록 도와주면 사람들이 좋아할 거라는 생각
> → 만남 영상물과 포털사이트 기능을 서로 연결하여 제대로 조합
> → 착상 영상물 공유전문 포털사이트 콘셉트
> → 쑥쑥 누구나 쉽게 동영상을 올리고 서로 간편하게 공유할 수 있게 사이트 기능 구축
> → 창조 2조 원짜리 유튜브 창조

※ 아이폰과 유튜브가 만들어지는 과정의 공통점을 정리해 보세요.

_____

_____

※ 책의 탄생 과정을 아기 탄생 과정으로 정리해 보세요.

▸ 무대 :

▸ 만남 :

▸ 새싹 :

▸ 쑥쑥 :

▸ 탄생 :

* 이슈 issue : 쟁점, 사람들 관심이 폭발적으로 많아서 자주 다루는 사건이나 생각

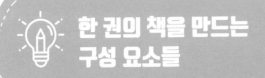

한 권의 책을 만드는 구성 요소들

05

 정말 우리가 그동안 독서를 하면서 별로 관심을 기울이지 않았던 다양한 과정이 책 속에 숨어 있다는 걸 알게 된 것 같아요.

저도 갑자기 책에 대한 흥미가 생겼어요. 책이 탄생하는 과정이 있다는 걸 알게 되니 책에 더 많은 보물이 숨어 있을 것 같다는 생각이 들어요.

역시 너흰 나의 훌륭한 제자들이야. 사실 우린 늘 책을 읽지만 그 속에 어떤 구성 요소들이 들어 있는지를 생각해 볼 기회는 없지. 왜냐하면 우리는 대부분 책의 내용에만 관심을 갖기 때문이야. 그래서 오늘은 샘과 함께 책에 대해 좀 더 자세하게 알아보는 시간을 가져 볼 거야. 자, 책 한 권씩 가져왔지? 지금 꺼내 보렴.

네!

우리 앞에 있는 이 책을 꼼꼼하게 살펴보면서 어떤 내용으로 구성돼 있는지 하나씩 찾아보자. 우선 뭐가 보이니?

표지요.

음, 표지에 어떤 내용들이 있는지 말해 볼래?

제목이 있고 저자 이름도 나와요. 아래쪽엔 출판사 이름도 있고요.

간단한 홍보 문구도 보이네요.

그럼 이제 표지를 넘겨 보자. 무엇을 볼 수 있지?

책날개에 저자 소개가 나와 있어요.

그렇지.

여긴 저자의 직업이나 하는 일, 살아온 삶이나 경험, 그동안 연구했던 분야나 쓴 책들이 소개돼 있어요.

그래, 저자의 정보는 이 책이 만들어지게 된 가장 중요한 요소 중의 하나일 거야. 이제 그 다음 페이지로 넘겨 보자. 죽 넘기다 보면 어떤 내용을 만날 수 있니?

머리말이 나오는데요.

정답! 머리말이 없는 책도 있지만, 대부분 머리말을 가지고 있지. 머리말 대신 '프롤로그 prologue'라고 표현하기도 하는데, 이곳에는 어떤 내용이 담기는지 혹시 알고 있니?

잘 모르지만 그동안 독서를 하면서 읽었던 머리말을 떠올려 보면, 주로 저자가 책을 쓰게 된 동기나 책에 담긴 주제를 소개하는 것 같았어요.

머리말은 책 전체 분량과 비교해 보면 두세 쪽에 불과한 매우 짧은 글이지만 책이 탄생하게 된 아주 중요한 과정이 압축돼 담겨 있기 때문에 정말 중요한 부분이란다. 실제로 이 머리말만 잘 읽어도 책 전체의 핵심과 저자가 전하고자 하는 메시지 message를 알 수 있지. 이제 다음 페이지를 넘겨

볼까? 무엇이 나오니?

 목차요.

1장, 2장, 3장… 이런 식으로 설계도처럼 구성돼 있어요.

혹시 너희는 책을 읽을 때 이 목차를 꼼꼼하게 살펴보니?

아니요.

전 바로 본문을 읽는 편이에요.

저도 목차는 잘 보지 않는데요?

목차는 책을 구성하는 아주 핵심적인 요소란다. 준수 말대로 건물의 설계도와 같은 거지. 저자의 생각이나 이야기, 지식이나 정보를 성격에 맞게 모으고 나눠서 순서를 정하는 거야. 독자들이 책을 보고 한눈에 무슨 내용인지 이해하기 쉽게 해 주지.
설계도가 없는 집짓기가 가능할까? 레시피 없는 최고의 요리는 어떨까? 그런데 독서할 때는 대부분 이 목차를 별로 중요하게 여기지 않아. 책의 주제에 훨씬 더 빨리, 정확하게 다가갈 수 있는데 말이야.

본문을 보고 난 후 책의 뒷장을 보면 홍보문구가 많이 나와요. 교훈을 짤막하게 소개하는 책도 본 적이 있고요.

추천사도 가끔 나오던데요?

뒤표지는 앞표지와 함께 독자들이 제일 먼저 보게 되는 책의 얼굴이라고 할 수 있잖니? 그래서 사람이 예쁘게 화장을 하듯 책도 스스로 멋지다고 화장을 하는 거라 생각하면 돼.

책이 미팅에 나가는 거네요!

하하, 맞아. 표지에 짧은 문장도 보이지? 카피 copy 라고 부르는 건데. 멋진 문장으로 자신의 장점을 소개하는 글이야. 그렇게 해야 책이 돋보여서 독자들에게 선택받을 테니까.

그러고 보니 책 속에 정말 그동안 생각하지 않았던 다양한 요소들이 있다는 걸 알게 됐어요.

한 권의 책이 창조되기까지는 반드시 이런 다양한 요소들이 미리 잘 준비돼 있어야 한단다. 그 요소들이 조합되어 우리가 읽는 한 권의 책으로 탄생하는 거니까.

✏️ 함께 해 봐요!

※ 한 권의 책이 탄생하기까지 책의 핵심 구성 요소들을 찾아 자세히 정리해 보세요.

1.

2.

3.

4.

5.

6.

책 창조 무대

저자 프로필(전문가)

생각주머니

지식학문 체계

도서 분류표

시대의 트렌드

문제 발견, 요구

쓰고 싶은 글

저자의 삶, 지식, 연구,
직업, 경력, 정보, 경험

솔루션 발견

아이디어 결합

독자층 니즈

머리말 쓰기
(동기·의도·목적)

관심분야 정하기
(인류지식 영역)

주제 착상

목차 설계

내용

본문
지식
정보
스토리
글쓰기

체계적 구성능력
(비교·분류·통합)

메시지
주장
줄거리

'창의방정식'을 적용한 창의독서법이란?

샘, 창독은 당연히 책이 창조되는 과정과 책의 다양한 구성 요소와 관련이 있는 거죠?

당연하지. 넌 역시 천재야.

저 봐, 천재란 말에 눈알이 제트기처럼 날아가는 거.

내 눈알이 뭐~.

후훗, 준수가 넘겨짚은 것처럼 창독이란 속독도 아니고 정독도 아니고 다독도 아니야.

기존의 독서법과 정말 다른 느낌이 들어요.

무엇이 가장 다른지 좀 더 구체적으로 설명해 주실 수 있나요?

물론이야. 가장 큰 차이는 다독이나 속독, 정독 등은 모두 책의 다양한 요소 중 하나의 요소인 '내용'에 초점을 맞춘 독서법이지만, 창독은 책의 내용도 중요하게 여기면서 책이 창조되는 과정을 탐색한다는 점이지.

책을 구성하는 다양한 핵심 요소를 찾는 것도 다른 점이죠?

물론이지. 책 속에 들어 있는 다양한 구성 요소들에 대해 다시 한 번 설명해 볼까?

1. 책의 창조무대 : 표지 분야, 제목, 저자, 출판사명, 트렌드, 독자, 핵심 카피 등
2. 저자 : 이 책을 쓴 사람의 살아온 삶(경력), 하는 일, 관심 분야, 재능, 연구, 저서 등
3. 머리말 : 책을 쓰게 된 동기, 의도, 목적, 특별한 경험이나 발견, 연구결과, 새로운
　　　　　아이디어의 조합 과정, 독자층 분석, 독자들이 요구하는 것 니즈 needs,
　　　　　독자들이 필요한 것 씨즈 seeds, 책을 읽는 방법 등
4. 메시지 : 주장, 주제, 줄거리
5. 목차 : 메시지를 독자들에게 전달할 구체적인 내용의 구성과 설계도
6. 내용 : 목차를 통해 체계적으로 정리된 지식, 정보, 전체 스토리, 글쓰기 등
7. 맺음말 : 이후 실천해야 할 일, 전망, 예측, 후기 등
8. 뒤표지 : 이 책의 장점, 교훈, 홍보카피, 추천글 등

책이 만들어질 때 정말 다양한 요소들이 필요하군요.

여러 가지 요소들이 있지만 머리말과 맺음말, 표지와 뒤표지를 합친다면 결국 책 한 권의 핵심 요소 역시 아기 탄생의 6가지 핵심 요소와 같은 셈이지.

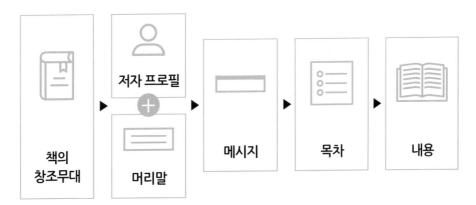

책이 세상에 나오는 순서도를 보면 6가지 핵심 요소로 구성돼 있고 그건 '책의 창조무대', '저자 프로필', '머리말', '메시지', '목차', '내용'이네요?

그렇단다. 창독이란 결국 책이 창조되는 전체 과정의 6가지 핵심 요소를 찾아내면서 저자가 책을 썼던 과정을 추적하는 책읽기라고 정의할 수 있단다.

와, 이제 창독에 대해 이해할 수 있을 것 같아요.

함께 해 봐요!

※ 책이 창조되는 6가지 핵심 요소와 특징을 찾아보고 책의 창조 순서를 그려 보세요.

책을 읽는 독자의 관점 vs 책을 쓰는 저자의 관점

07

사람들이 책을 읽을 때 주로 책의 내용에 관심을 기울인다고 전에 말했잖아?

독서를 책의 내용을 알아내는 걸로 생각하니까요.

내용은 책이 가진 요소 중 한 개에 불과하다는 걸 우린 이제 알게 됐지. 창독은 책이 창조되는 과정에서 책 내용은 물론, 책이 가지고 있는 6가지 모든 핵심 요소를 파악하는 독서라는 거지.

와, 창독을 하면 더 많은 걸 얻을 수 있을 것 같아요.

그리고 보니, 한 가지 걱정도 생기는데요? 1개 요소에서 6개 요소를 파악하는 독서라면 왠지 더 어려울 것 같아요.

그건 그렇지가 않아. 왜냐하면 그냥 책을 읽는 동안 '이 책을 쓴 저자는 왜 이 책을 쓰려고 했을까? 어떤 방법으로 썼을까'를 생각하기만 하면 되는 거니까.

그냥 저자 관점으로 더 넓은 눈으로!

그래, 그렇게 창독하다 보면 저절로 생각의 깊이가 깊어지고 폭이 넓어져.

다양한 관점도 생길 것 같아요. 저자는 시대도 읽고, 자신의 아이디어도 만들어야 하고 독자들이 좋아하는 것도 파악해야 하고.

저자 입장이 되면 책과 연결되는 다양한 관점을 자연스럽게 생각하게 되지. 그렇다면 너희 생각엔 창독이 우리에게 어떤 점에서 도움이 될 것 같니?

제 생각엔 창독하면 훨씬 더 책을 재미있게 읽을 수 있을 것 같아요. 저자의 생각을 파헤치는 탐정놀이 같은 기분이 든달까?

범인을 추적하는 명탐정처럼?

맞아.

후훗, 충분히 공감할 수 있는 주장인데. 창독을 하면 진짜 추리하는 재미도 있겠구나!

전 창독이 책에 대한 근본적인 생각을 바꿔 주는 것 같아요. 책 내용에 관심을 기울이면 '독서량'이 중요하잖아요. 그러다 보니 '50권 읽었다', '100권 읽었다'는 자랑만 하게 되는 거고요.

맞아. 책을 끝도 없이 많이 읽어야 한다는 생각 때문에 책을 읽기도 전에 미리 겁이 난단 말이지.

준수 말이 맞아요. 창독을 하게 되면 한 권의 책 속에서도 책이 창조되는 모든 가치를 파악할 수 있으니 몇 권을 읽었냐가 아니라 한 권 자체가 정말 중요하다는 생각이 들어요.

'독자의 관점' 대 '저자의 관점'이 대결하면 무엇이 이길까?

저자의 관점이요.

 그럼 책을 쓴 저자 관점은 몇 가지일까?

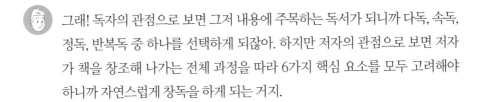

1. **책의 창조무대** : 저자가 책이 잉태될 무대를 발견하는 관점(시대 이슈, 트렌드, 독자니즈 등)
2. **저자** : 저자의 삶과 경험, 생각, 입장에서 이 책의 탄생 과정을 이해하는 관점
3. **머리말** : 저자가 이 책을 쓰게 된 동기나 의도의 관점 + 독자의 관점
4. **메시지** : 저자가 독자에게 던지는 주장이나 아이디어의 관점
5. **목차** : 저자가 메시지를 분류하여 논리적인 구조로 설계 정리하는 과정의 관점
6. **내용** : 저자가 독자에게 던지는 새로운 지식, 정보, 이야기의 관점

그거야 당연히 6가지 관점이죠!

책이 창조되는 과정의 핵심 요소를 모두 이해하는 게 바로 저자의 관점일 테 니까요.

그래! 독자의 관점으로 보면 그저 내용에 주목하는 독서가 되니까 다독, 속독, 정독, 반복독 중 하나를 선택하게 되잖아. 하지만 저자의 관점으로 보면 저자 가 책을 창조해 나가는 전체 과정을 따라 6가지 핵심 요소를 모두 고려해야 하니까 자연스럽게 창독을 하게 되는 거지.

아, 이제 저자 관점으로 창독을 하다 보면 왜 사고력을 키울 수 있는지 알 것 같아요.

저자가 책을 어떻게 쓰는지도 잘 이해할 수 있을 것 같고요.

※ 다음 글을 읽고 이 중학생은 '왜 책을 직접 써 보고 싶은 마음이 생겼을까?' 생각해
　보고 정리해 보세요.

> "창독을 하다 보니 생각이 달라졌어요! 지금까지 독자 관점에서 책을 읽었는데 요즘에는
> 저자 관점에서 책을 자꾸 읽게 돼요. 작가가 이 책을 어떤 생각으로 어떻게 썼는지를 계
> 속 생각하다 보니까 저자가 책을 쓰는 과정이 머리에 그려지더라고요. 그러다 보니 어느
> 새 작가가 되겠다는 꿈이 생겼어요. 지금 목표는 원고를 완성해서 꼭 책을 내는 거예요."
>
> – 명지중학교 자유학기제 책쓰기 수업에 참가한 중학생의 말

단숨에 '생각하는 힘'을 키우는 독서

너희들이 지금까지 알게 된 창독에 대해 정리해 볼까? 생각나는 대로 한 번 이야기 해 보자.

음. 책 내용을 아는 것보다 더 중요한 건, 책이 만들어지는 과정을 탐정처럼 추적하는 거예요.

책의 내용뿐만이 아니라 책이 창조되는 과정에 주목하는 독서법이죠.

독자 관점에서 책을 보지 말고 저자 관점에서 책을 보라는 말도 기억에 남아요!

좋아. 그럼 독자 관점과 저자 관점의 가장 큰 차이점은 무엇일까?

독자 관점은 그냥 독자니까 아무래도 책 내용에서 새로운 정보나 지식을 얻고자 하는 생각이 가장 클 거예요.

물론 재미있으면 더 좋고요. 저자 관점은 책을 쓰는 사람의 마음이겠죠?

그렇지. 저자라면 '지금 독자들은 무엇을 좋아하고 어떤 정보나 지식, 이야기가 필요할까?'를 고민해야겠지. 또는 저자로서 경험을 쌓거나 연구도 해야겠고. 또 자신의 주장을 목차로 설계하거나 글로 표현하는 능력도 필요할 거야.

창독은 책 한 권을 읽더라도 정말 엄청나게 많은 생각을 해야 할 것 같아요.

그것은 결국 저자관점이 독자관점보다 훨씬 많은 걸 준비하고 고려해야 하기 때문이지.

저자관점으로 책을 읽으면 여러 가지 관점과 요소들을 생각해야 하니까 저절로 사고력이 커진다는 말이죠?

바로 그거란다.

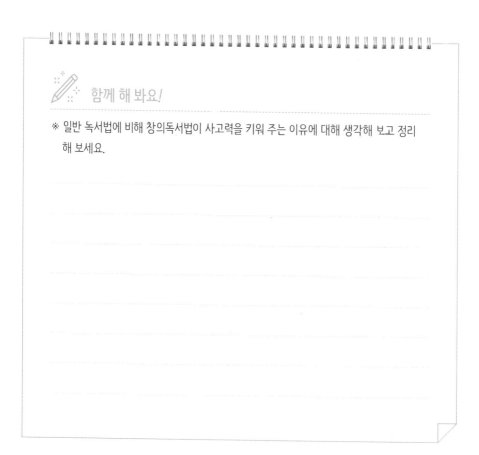

함께 해 봐요!

※ 일반 독서법에 비해 창의독서법이 사고력을 키워 주는 이유에 대해 생각해 보고 정리해 보세요.

이제야 다독, 속독, 정독과 창독의 차이점을 구분할 수 있을 것 같아요.

저도요.

그래. 하지만 한 가지 꼭 기억해야 할 점이 남았어.

그게 뭐예요?

창독을 한다는 건 너희들이 생각하는 것보다 훨씬 더 놀라운 통찰력과 사고력을 준다는 점이야.

창독이 훨씬 더 놀라운 통찰력과 사고력을 준다고요?

당연하지. 혹시 이런 말을 들어 본 적이 있니? 저널리스트 로버트 워더는 "누구나 부티크 매장에서 패션을 찾고 박물관에서 역사를 발견한다. 창의적인 사람은 철물점에서 역사를 발견하고, 공항에서 패션을 발견한다."고 말한 적이 있지.

창의적인 사람은 철물점에서 역사를 발견하고, 공항에서 패션을 발견한다? 왠지 멋진 말 같은데요?

창독을 하면 전혀 새로운 세계를 발견한다!

그 말을 하고 싶었던 거야. 창독이란 단순히 책 한 권을 창조의 관점에서 읽는다는 것에서 그치지 않아. 책 한 권을 창독한다는 건 세상의 다양한 창조원리와 패턴을 꿰뚫어 볼 수도 있다는 의미이기도 해.

창독으로 세상의 다양한 사건을 꿰뚫어 볼 수 있다고요?

그래! 저자가 책을 만드는 과정 프로세스 process 을 설명한 적이 있지? '책의 창조무대 → 저자+머리말 → 메시지 → 목차 → 내용'이 바로 책의 탄생 과정이잖아. 이것은 부모가 '자궁 → 정자+난자 → 착상 → 10달간 뱃속에서 쑥쑥 → 탄생'이라는 아기 탄생 과정과 다를 바 없단다.

책의 탄생 과정으로 바라보면 다른 일들도 과정이 모두 닮았어요.

맞아. 무에서 유가 창조되는 과정은 전부 공통점이 있어. 우리가 물건을 사고파는 시장은 어떻게 탄생했을까? '보이지 않는 시장무대 → 팔려는 사람 + 사려는 사람 → 가치결정 → 교환 절차 → 매매'가 완성되지. 민주주의 원리 역시 '광장무대 → 찬성파 + 반대파 → 의사결정 → 집행 → 완성'하는 과정이야. 창의적으로 독서한다는 건 저자가 책을 만드는 창조 과정으로 이해한다는 것이고 그 창독 속에 요리의 창조, 건축의 창조, 학교의 창조, 컴퓨터 프로그램의 창조, 발명의 창조, 불의 창조, 자동차나 진로의 창조원리가 모두 공통적으로 들어 있어.

- **요리의 창조** : 요리무대 → 재료 + 레시피 → 콘셉트 → 요리 → 음식물 창조
- **건축의 창조** : 환경과 토지무대 → 재료 + 설계도 → 착수 → 건축 → 건축물 창조
- **학교의 창조** : 교육무대 → 가르치는 사람 + 배우는 사람 → 만남 → 교육과정 → 학교 창조
- **프로그램의 창조** : 프로그램무대 → 개발자 + 스토리 → 아이템 → 코딩작업
  　　　　　　　　 → 프로그램 창조

- 불의 창조 : 에너지산소무대 → 마찰열 + 부싯깃 → 불씨 → 확산 → 모닥불 창조
- 자동차의 창조 : 엔진무대 → 기름 + 전기 불꽃 → 폭발 → 운동 → 자동차 창조
- 발명의 창조 : 불편무대 → 문제정의 + 새로운 요소 연결 → 아이디어 → 적용 과정
  → 발명품 창조
- 진로의 창조 : 인생 관심 분야무대 → 재능과 끼 + 사람들이 필요한 일 → 솔루션
  해결방법 solution → 노력과 경험 → 직업 창조

 아, 창독을 통해 책이 만들어지는 과정을 이해함으로써 세상의 다른 창조원리들도 통찰할 수 있다는 말씀이군요.

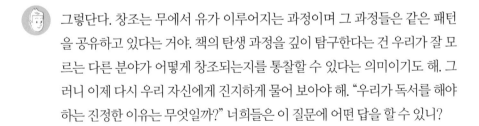

1. 기존 독서 패러다임 - 다독, 속독, 정독
   : 독자의 관점 독서, 지식정보 습득형독서, 책 내용중심 독서
2. 혁명적 독서 패러다임 - 창독
   : 저자의 관점 독서, 창의인재 창조적 사고를 키우는 책읽기, 한 권을 읽어도
   그 책이 만들어지는 6가지 핵심 요소를 추적하는 방법으로 읽고, 다른 영역의
   창조원리를 함께 이해할 수 있는 독서전략

그렇단다. 창조는 무에서 유가 이루어지는 과정이며 그 과정들은 같은 패턴을 공유하고 있다는 거야. 책의 탄생 과정을 깊이 탐구한다는 건 우리가 잘 모르는 다른 분야가 어떻게 창조되는지를 통찰할 수 있다는 의미이기도 해. 그러니 이제 다시 우리 자신에게 진지하게 물어 보아야 해. "우리가 독서를 해야 하는 진정한 이유는 무엇일까?" 너희들은 이 질문에 어떤 답을 할 수 있니?

창독은 세상의 원리를 이해하고 사고력을 키워 줄 수 있는 가장 좋은 방법이라고 생각해요.

창독을 하면 우리가 새로운 것을 창조해 내는 능력을 키울 수 있다고 믿어요.

오, 드디어 너희들도 창독에 도전할 모든 준비를 마친 것 같구나.

※ 한 권의 책이 탄생하는 과정과 비교해 생각할 수 있는 다양한 창조의 핵심 요소를 순서
　대로 정리해 보세요.

▶ 요리의 창조 :

▶ 건축의 창조 :

▶ 학교의 창조 :

▶ 프로그램의 창조 :

▶ 불의 창조 :

▶ 자동차의 창조 :

▶ 발명의 창조 :

▶ 진로의 창조 :

3장

꿈을 현실로 만드는
창독 10단계 전략

·

·

·

창독이란 단순히 책 내용, 지식, 정보를 기억하는 한 가지 관점에서 벗어나 책이 탄생되는 전체 과정과 6가지 핵심 요소를 파악하는 거라고 했어.

그게 '저자 관점'에서 책을 읽는 거라고 하셨죠?

그렇지. 저자의 관점에서 책을 읽으면 책에서 잘 보이지 않는 요소들까지 다양하게 생각해야 하거든.

네, 이제 이해할 수 있어요.

그럼 책이 나올 수 있었던 무대! 책이 창조되는 자궁! 책을 쓰고자 마음먹게 된 저자의 출발점! 그게 뭘까?

책을 쓰게 된 출발점을 따져 본다면 아무래도 저자가 평소 관심 있거나 잘 아는 분야가 아닐까요?

그래, 맞아. 그래서 '내가 이 저자라면 왜 이 책을 쓰게 되었을까?'에 대해 질문을 해 보는 게 중요하지. 모든 책 표지에 쓰여 있는 건 아니지만 표지의 여러 가지 정보를 조합해 보면 이 책이 에세이인지, 소설인지, 역사물인지, 위인전인지, 과학정보 분야인지 알 수 있어. 표지에 소개된 부제들을 살펴볼까?

- 감성 에세이 - 개인의 느낌과 생각을 다룬 책
- 주니어경제 시리즈 - 경제 분야를 아이들도 이해하기 쉽게 다룬 책
- 보건선생님이 들려주는 성과 건강이야기 - 건강 분야를 다룬 책
- 대한민국 최초 대통령 웹툰 - 웹툰 분야를 다룬 책
- 긍정의 심리학 - 심리학 분야를 다룬 책
- 우리들의 해결사 '또래중조' 이야기 - 또래중조라는 해결방법을 다룬 책
- 이야기가 흐르는 시 - 시 분야를 다룬 책
- 말하기 기술 - 말하기 능력을 키우는 데 필요한 정보를 다룬 책

 책이 속한 분야를 파악하라는 말씀이군요? 제가 들고 있는 이 책에는 '청소년을 위한 판타지소설'이라고 적혀 있으니, 판타지소설 분야네요.

 아, 제 책 표지에는 '중학생이 꼭 알아야할 우리 현대사 20선'이라고 적혀 있어요. 당연히 역사 분야겠죠?

 그렇지. 모든 책은 아기주머니나 창조무대같이 자신이 잉태될 수 있었던 분야가 있었던 거야. 책 분야를 알려면 온라인 서점 왼쪽에 나오는 '도서 분류표'를 찾아보면 돼. 학문이나 지식체계와 같은 도서 분류는 생각했던 것보다 훨씬 방대하고 다양하단다. 도서 분류표는 읽을 책이 속한 지식, 정보의 종류를 이해하는 데 큰 도움이 될 거야. 특히 우리가 읽을 책이 어떤 영역에 속하는지 알아두면 독서에 도움이 된단다.

- 도서 분류표는 우리 인류가 지금까지 축적해 온 지식정보 분류체계의 하나다.
- 인류가 수천 년 간 축적해 온 지식정보체계는 종교와 철학(사상), 수학에서 출발하여 다양한 천문, 지리, 역사, 정치, 경제, 경영, 예술 등 나뭇가지 같은 '트리 tree 구조'로 분화되어 왔다.
- 서양사상의 큰 두 가지 뿌리는 고대 그리스를 중심으로 일어난 인간 중심의 문화인

'헬레니즘'(철학)과 성경을 바탕으로 한 신神 중심의 문화인 '헤브라이즘'(종교)이다.

- 학문은 인류문명이 발전하면서 실생활에 도움이 되는 방대한 실용학문으로 확장되고 있다.
- 다양한 학문으로 분화된 지식정보체계는 학문에 맞게 도서 분류표로 이어졌고 직업의 분류체계(연구자, 전문가, 진로)를 낳았다.
- 지식정보체계와 도서 분류표, 나의 관심도서 분야에 대한 탐색 과정은 미래 진로와 꿈을 이어 주는 좋은 이정표다.

저는 이런 도서 분류가 있다는 걸 처음 알았어요.

도서 분류표를 잘 살펴봐야 하는 이유는 자신의 관심 분야나 직업과도 높은 연관성이 있기 때문이야. 실제로 나도 청소년 시절에 문학 카테고리 _{분야, 범주} category 에 속하는 책을 주로 많이 읽었고 그러다가 대학에서 영문학을 전공하게 되었단다. 당연히 직업으로 글을 쓰는 기자와 작가가 될 수 있었어.

도서 분류표에서 관심 분야 책을 연결시키면 나의 미래를 예측해 볼 수도 있겠네요.

그렇다면 저도 늘 책을 읽기 전에 이 책이 어떤 분야인지 좀 더 관심 있게 확인해 볼게요.

소설
문학
인문
역사
예술
종교
사회
과학
경제 경영
자기계발
만화
라이트노벨
여행
잡지
어린이
유아
청소년

요리
육아
가정살림
건강 취미
대학교재
국어와 외국어
IT모바일
수험서 자격증
초등참고서
중고등 참고서

논술(단행본)
공부 방법
진로
명문대진학가이드
성교육
청소년 자기계발
청소년 에세이
청소년 소설
청소년 시
청소년 고전
청소년 문학기타
청소년 철학
청소년 역사
청소년 예술
청소년 인문교양
청소년 경제
청소년 정치사회
청소년 교양과학
청소년 교양공학

※ 도서 분류표를 참조하여 읽을 책의 분야를 조사해 보세요.

※ 평소 관심 있거나 흥미 있을 것 같은 도서 분류 항목을 골라 선택한 이유를 함께
   적어 보세요.

1.

2.

3.

4.

※ 정리한 관심 분야와 연관된 직업, 진로, 전문가나 미래에 하고 싶은 일 혹은 되고 싶은
   꿈을 구체적으로 적어 보세요.

1.

2.

3.

4.

5.

2단계 / 책 표지는 내용을 대표하는 얼굴이다!

02

퀴즈 하나 낼까?

네, 좋아요.

책에는 표지도 있고 머리말, 목차, 본문, 맺음말도 있는데 이 중 가장 늦게 만들어지는 건 뭘까?

책 내용을 마지막까지 쓸 것 같은데요?

땡!

책 맨 마지막에 나오는 맺음말이 아닐까요?

그것도 아니고. 정답은 바로 '표지'란다.

표지요?

사실은 저자가 책을 쓰기 전에 가제목을 정해 두긴 해. 확실하게 정한 것은 아니지만 책의 내용 전체를 떠올리게 하는 제목을 미리 생각해 두는 거야. 하지만 글을 쓰면서도 매력적인 제목을 찾기 위해 계속 애쓰지. 그리고 마지막에 여러 가제목들 중에서 가장 적당한 것을 최종 제목으로 정해. 그 다음에 멋진 표지 디자인을 만들지. 그만큼 책 제목과 표지디자인이 중요하기 때문이야.

책 표지에 있는 글자나 그림들이 모두 중요하다는 말씀이죠?

맞아. 표지나 혹은 뒤표지에 있는 이런 정보들이 책 속에 나오는 내용만큼이나 중요하단다. 왜냐하면 우리 자신을 가장 잘 대표하는 것이 얼굴이듯 책의 전부를 대표하는 것이 바로 표지의 정보들이니까. 얼굴을 자세하게 관찰하면 그 사람이 살아온 삶, 현재의 감정, 생각까지 알 수 있다고 하잖아. 책의 표지도 책의 모든 걸 대변해 주니까.

루미가 가끔 화장하는 것과 같은 거군요.

야, 난 화장 안 하거든!

하하! 그만 티격태격거려. 어쨌든 책의 제목, 저자, 출판사, 트렌드, 독자, 핵심 문구 등 책의 앞뒤 표지에 나오는 정보를 보면서 책 내용을 유추하거나 책 속 이야기를 예측해 보는 것도 좋은 독서요령이야.

정말 그렇게 책을 읽는다면 독서가 훨씬 재미있을 것 같아.

지금부터 우리 함께 표지에 나오는 요소들을 하나씩 찾아볼까? 먼저 책 제목에 대한 이야기를 해 보자.

'제목 정하기'가 어렵나요?

매력적인 제목을 지어야만 독자들의 선택을 받을 수 있으니까 쉽지는 않지. 상품의 이름이나 광고 문구를 만드는 사람을 '카피라이터 copywriter '라고 하잖아. 제목을 정할 때 저자는 카피라이터가 돼야 해. 책의 내용을 압축해 전달하면서도 독자들에겐 호기심과 기대감을 불러일으켜야 하니까. 너희들도 그 동안 읽은 책 중 기억에 남는 책 제목이 있니?

'팀탈러, 잃어버린 웃음'이요.

저는 '책 먹는 여우'랑 '하늘을 나는 교실'이 떠올라요.

오래 기억에 남는다는 건 그만큼 매력적인 책 제목이라는 거야. 독특하면서 입에 잘 붙는 라임 운율 rhyme 도 있어야 하고.

책을 보고 제목이 얼마나 매력적인가를 평가해 보는 것도 재미있을 것 같아요.

다르게 제목을 지어 보는 것은 어때요?

모두 좋은 아이디어야. 그리고 꼭 기억해 둘 건 표지엔 제목 외에도 저자와 출판사 이름도 들어가는데 저자는 누구나 아는 유명한 작가일 수도 있고, 우리는 잘 몰라도 그 분야에서는 아주 전문가일 수도 있어. 또는 전혀 알려지지 않은 사람일 수도 있지. 출판사도 마찬가지야. 잘 알려진 곳도 있고 한 분야나 전문 분야의 책을 내는 곳도 있지.

내 친구는 좋아하는 출판사의 책만 골라 읽더라고요.

샘, 그런데 '트렌드'도 표지에 있다고 하셨는데, 그건 뭘 말씀하시는 거예요?

음, 그건 사실 책 표지에 직접 적혀 있지는 않아. 표지를 훑어보면서 이 책이 쓰인 사회적 배경이나 시대흐름을 파악할 수 있다는 뜻이지.

• 인공지능시대 창의성 비밀코드 - 요즘 제4차 산업혁명시대 트렌드를 반영하고 있는 책이군!

• 행복한 일터의 조건 - 어른들이 직장생활을 행복하게 하려는 요즘의 관심을 반영했네!

• 가상화폐 100문100답 - 비트코인, 전자 화폐, 사이버 머니, 블록체인 등 사회적 이슈가 되고 있는 소재를 다뤘군!

모든 책은 그 시대를 반영하는 얼굴이기도 하네요.

시대와 책은 떼려야 뗄 수가 없으니까.

표지에도 정말 많은 정보들이 숨어 있군요.

 함께 해 봐요!

※ 제목 관점 : 책의 제목을 왜 이렇게 지었을까요? 내가 저자라면 책의 제목을 어떻게
바꾸어 볼 수 있을까요?

※ 트렌드 관점 : 이 책을 낸 시대적 이슈나 시대상황에 대해 생각하여 적어 보세요.

※ 저자 관점 : '000 지음'에 내 이름이 들어간다면 기분이 어떨까요?

※ 독자 관점 : 저자는 누구를 독자층으로 생각하고 이 책을 썼을까요? 저자는 왜 독자들에게
이 책이 필요하다고 생각했을까요? 독자들은 왜 이 책을 사서 읽어야 한다고 생각하나요?

※ 출판사 관점 : 이 출판사에서 나온 다른 책들을 찾아보고 다음에 읽을 도서목록에 추가해 보세요.

※ 핵심 문구 관점 : 앞뒤 표지에서 이 책의 특징이나 내용을 가장 잘 소개하는 카피를 찾아 적어 보세요.

3단계 / 저자 프로필에서 인생을 상상하고 내 프로필을 써 보라

표지 한 장을 넘기면 날개에 뭐가 나오니?

저자 소개요.

저자 소개를 '프로필 profile'이라고 하는데 저자가 살아온 삶에 대한 글이란다. 저자의 경력이나 하는 일, 기존에 썼던 책 등을 소개하지. 저자 프로필을 읽으면 이 책이 나오게 된 이유를 발견할 수 있지. 예를 들어 보자. 저자가 학교 선생님이고, 토론에 대해 관심이 많아서 오랫동안 학생들에게 토론교육을 시켜왔다고 프로필에 소개돼 있어. 그럼 이 저자는 어떤 내용을 쓸 가능성이 높을까?

토론의 중요성과 토론의 방법들에 대한 책을 쓸 것 같은데요?

토론교육으로 얻은 성과를 소개하는 책도 괜찮을 것 같고요.

거봐! 프로필만 읽어도 책 내용을 어느 정도 가늠할 수가 있지? 심지어 앞으로 이 저자가 어떤 책을 쓸 것인지 예측까지 할 수 있단다.
〈모모〉의 작가 엔데의 프로필을 한 번 읽어 볼까?

남부 독일 가르미슈 파르텐키르헨에서 초현실주의 화가인 에드가 엔데와 역시 화가인 루이제마르톨로메의 외아들로 태어났다.

글, 그림, 연극 활동 등 다양한 영역을 넘나드는 엔데의 예술가적 재능은 그림뿐만 아니라 철학, 종교학, 연금술, 신화에도 두루 정통했던 아버지의 영향이 특히 컸다.

1960년에 첫 작품 '기관차 대여행'을 출간하고 독일 청소년 문학상을 수상했다. 1970년엔 '모모'를, 1979년엔 '끝없는 이야기'를 출간함으로써, 세계 문학계와 청소년들 사이에 엔데라는 이름을 확실히 각인시켰다.

엔데는 이 두 소설에서 인간과 생태 파국을 초래하는 현대 문명사회의 숙명적인 허점을 비판하고, 우리 마음속에 소중히 살아 있는 세계, 기적과 신비와 온기로 가득 찬 또 하나의 세계로 독자를 데려간다. 1995년, 예순다섯에 위암으로 눈을 감았다.

 프로필만 읽어도 정말 멋진 작가 같아요.

 대부분 프로필은 '내가 이 책을 쓸 만한 전문가!'라는 메시지를 전달하지. 이 분야에서 오랫동안 경험하거나 연구해서 터득한 노하우 _{비법 knowhow} 가 많다는 걸 강조하지. 앞으로 책을 읽을 때는 꼭 저자 프로필을 꼼꼼히 읽어 보렴. 물론 저자가 살아온 삶을 상상하면서.

 너희들도 프로필을 한 번 써 볼래? 다음 항목을 참조하면 돼.

1. 직업이나 전문 분야
2. 특별한 경험이나 연구결과
3. 재능이나 끼
4. 저자와 책의 분야(내용)의 연관성
5. 저자가 쓴 다른 책 또는 앞으로 쓸 수 있는 책

전 별로 쓸 내용이 없는 것 같아요.

 준수도 충분히 쓸 수 있단다. 이름과 함께 학교와 학년을 소개한 후 자신의 관심사나 좋아하는 일, 특별히 경험했던 일과 수상경력, 실천하고 있는 일들, 꿈이나 비전, 쓰고 있는 글 등 자신이 누구인지 다른 사람에게 소개할 수 있는 글이면 돼. 예를 들어 볼까?

프로필 1

저자 이지우는 서울 연광초등학교 6학년입니다. 매일 책 한 권씩을 읽고 발표하는 1일1독서를 실천하고 있는 주인공이며 자신의 소중한 경험담을 친구들에게 들려주기 위해 아빠와 함께 〈1일1독서의 힘〉이라는 책을 썼습니다. 평범한 초등학생이지만 매일 한 권의 책을 읽고 아빠에게 발표하는 일이 일상이 되었습니다.

프로필 2

저자 이서정은 판타지소설가를 꿈꾸는 서울연신중학교 2학년 학생입니다. 어릴 때부터 책읽기와 글쓰기를 좋아해 초등학교 4학년 때부터 네이버 웹소설, 조아라 등 웹소설 사이트에 꾸준히 소설을 연재해 오고 있습니다. 그동안 서울 은평구청 어린이 글짓기 대회, 환경청 환경사랑 글짓기 대회 등 크고 작은 글짓기 공모전에서 수상하며 어린 시절부터 작가의 꿈을 키워가고 있습니다.

'창의성'을 연구하고 강의하는 아빠가 〈창의방정식의 비밀〉을 쓸 때 어린이 시각에서 '창의 교육'에 대해 많은 조언을 했으며 쉬운 문장쓰기와 원고 교열작업을 도왔습니다. 이런 경험을 바탕으로 이번엔 아빠의 창의성 강연을 10대들에게 소개하기 위해 재미있는 판타지소설로 스토리텔링하게 되었습니다.

이 판타지소설과 창의성을 결합시킨 책 〈인공지능시대 창의성 비밀코드〉가 어린이와 청소년 친구들의 사고력 향상에 도움이 되길 바라며 미래 작가의 꿈에 한 걸음 더 다가갈 수 있는 소중한 디딤돌이 되길 희망하고 있습니다.

 아직 많이 쓰기 힘들면 2줄이나 3줄만 써도 상관없어. 지금 당장 쓸 내용이 부

족하더라도 앞으로 우리의 프로필을 멋지게 채워 가면 되는 거니까. 나의 전문 분야도 찾고, 꿈도 꾸고, 독서도 하고, 글도 쓰고, 그렇게 도전하다 보면 멋진 자신만의 프로필을 만들 수 있어.

✏️ 함께 해 봐요!

※ 저자 소개를 읽고 저자의 삶과 책은 어떤 연관이 있을까 생각해 보세요.

1. 저자의 직업이나 전문 분야는?

2. 저자의 특별한 경험이나 흥미 있는 사연이 있다면?

3. 저자가 모은 특별한 정보나 공부하여 얻은 연구결과가 있다면?

4. 저자의 재능이나 끼는 무엇이라고 생각하나?

5. 저자의 프로필과 책의 연관성은?

6. 저자가 앞으로 쓸 수 있는 다른 책은?

※ 프로필에 나오는 저자의 '직업'이나 '전문 분야'에 대해 찾아보고 정리해 보세요.

※ **[현재 프로필]** 나의 예상 저자 프로필 혹은 자기소개 글을 써 보고 친구들에게 발표해
보세요.(이름과 함께 학교나 소속을 소개한 후 자신의 관심사나 좋아하는 일, 특별히
경험했던 일과 수상경력, 실천하고 있는 일들, 꿈이나 비전, 쓰고 있는 글 등)

※ **[미래 프로필]** 30년 후 꿈을 이룬 멋진 내 모습을 상상하고 나서 내 프로필을 써 보고
친구들에게 발표해 보세요.(이름과 함께 학교나 소속을 소개한 후 자신의 관심사나
좋아하는 일, 특별히 경험했던 일과 수상경력, 실천하고 있는 일들, 꿈이나 비전, 쓰고
있는 글 등)

이번엔 '머리말'에 대해 살펴볼까? 머리말은 '프롤로그'나 '들어가는 말'이라고 쓰기도 해. 너희 생각에 머리말은 어떤 역할을 한다고 생각하니?

책을 쓰게 된 동기나 목적을 소개하는 경우가 많은 것 같아요.

미리 책의 내용을 소개하기도 하고요.

맞아. 이 머리말에는 저자가 책을 쓴 동기나 목적, 책에 소개할 내용이나 읽는 요령 등이 쓰여 있지. 독자들에게 전반적으로 책에 대해 안내하는 거야.

이동조 저자 〈창의방정식의 비밀〉 머리말 일부

"창의적인 생각을 어떻게 하면 잘 할 수 있는지 알려 달라."는 질문에 지난 2000년간 인류는 아직 명쾌한 답을 내놓지 못하고 있다. 왜일까? 한 이야기에서 그 답을 찾았다.

어느 날 가로등 아래서만 열심히 잃어버린 열쇠를 찾고 있는 사람이 있었다. 지나가는 사람이 이 광경을 유심히 관찰하다 그에게 다가가 다음과 같이 물었다.
"왜 계속 같은 장소에서만 열쇠를 찾고 있습니까?"
열쇠를 찾던 사람은 이렇게 답한다.
"여기가 가장 밝잖아요."

우리는 열쇠를 찾는 사람의 대답이 참 어리석다는 것을 안다. 하지만 우리는 다르다고 자신할 수 있을까? 창의성에 대한 열쇠를 찾는 연구자들 역시 어쩌면 가로등이 비추는 그 안을 헤매고 있을지 모른다. 다시 생각해야 한다. 환한 곳에 있는 '창의성의 부스러기'가 아니라 진정한 창의성을 찾아나서야 한다.

이 책은 창의성에 대한 새로운 생각공식이다. 그래서 지금까지 우리가 알던 가로등 불빛 아래 보이는 창의성의 부스러기 개념을 다음과 같이 거부한다.

- 창의성은 다르게 생각하기가 아니다.
- 창의성은 고정관념을 타파하는 게 아니다.
- 창의성은 융합하는 게 아니다.
- 창의성은 차별적인 생각이 아니다.
- 창의성은 거꾸로 생각하기가 아니다.
- 창의성은 상상력이 아니다.
- 창의성은 직관력이 아니다.
- 창의성은 노력, 도전정신, 열정이 아니다.
- 창의성은 호기심도, 발상의 전환도 아니다.
- 창의성은 좋은 창의, 나쁜 창의가 없다.

머리말을 읽어 보니 책을 쓴 동기가 분명히 나와요.

저자의 의도가 드러난다는 건 알지만 머리말이 왜 그렇게 중요한지는 아직 잘 이해가 안 돼요.

후훗! 그럼 좀 더 자세히 알려 줄게. 저자 관점에서 보면 책이란 '새로운 지식이나 정보 발견 → 내용'을 쓰게 된 거지.

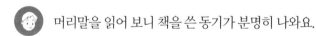

머리말이 '원인'이라면 내용은 '결과'라는 말씀이죠?

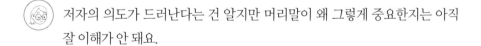

그래, 바로 인과관계지. 세상 모든 것은 어떤 의도가 만들어 낸 결과인 거야.

책의 내용이 하늘에서 뚝 떨어진 건 아니잖아. 저자의 의도가 책의 내용을 결정한 거지. 책의 내용을 잘 이해하려면 당연히 저자의 의도를 잘 찾아내야 해. 그런데 의도를 잘 찾아내는 데는 문제가 하나 있어.

 무슨 문제요?

 눈에 잘 안 보인다는 점이야! 어느 날 별로 친하지 않았던 친구가 갑자기 비싼 선물을 준다면 굉장히 당황스러울 거 아냐? 그건 그 친구의 의도를 파악하지 못했기 때문이야. 이럴 때 '왜 저 친구가 내게 비싼 선물을 할까?' 계속 생각하겠지? 이처럼 책의 머리말에도 의도나 목적이 잘 소개돼 있지 않은 경우엔 독서를 하면서 저자의 의도와 목적을 파악해 나가야 해. 그런 연습을 하다 보면 독서뿐만 아니라 살아가면서 다른 일을 할 때도 큰 도움이 되지.

- 공모전이나 경시대회에 도전할 때
  - 주최사의 의도와 목적을 파악하면 아이디어를 짤 때 방향을 잘 잡아 수상확률을 높일 수 있어요.
- 다른 사람이 무엇을 요청했을 때
  - 상대방의 의도와 목적을 파악하면 가장 적합한 해결책을 제시할 수 있지요.
- 문제를 해결해야 할 때
  - 그 문제를 해결하려는 의도와 목적을 파악하면 근원적인 문제점을 찾을 수 있어요.
- 뭔가에 도전할 때
  - 왜 도전하는지 명확한 의도와 목적을 알면 훨씬 더 열정이 생기고 성공할 가능성도 높아져요.

 아, 알겠어요. 창독할 때 책 머리말에서 저자의 의도를 파악하는 연습을 많이 하면 모든 일에서도 우리의 통찰력을 더 잘 발휘할 수 있겠네요?

 딩동댕~, 정답이야.

✏️ **함께 해 봐요!**

※ 책의 머리말에서 저자가 책을 쓰게 된 동기나 의도를 찾아 정리해 보세요. 만약 머리말에 동기나 의도가 나와 있지 않다면 왜 저자가 이 책을 쓰게 되었을까 생각해 본 후 적어 보세요.

※ 책의 머리말에서 저자가 이 책을 통해 독자들에게 무엇을 전달하고자 하는지에 대해 찾아서 정리해 보세요.

※ 내가 만약 저자가 되어 써 보고 싶은 글이 있다면 제목과 이유를 적어 보세요.

▸ 제목 :

▸ 이유 :

▸ 제목 :

▸ 이유 :

▸ 제목 :

▸ 이유 :

▸ 제목 :

▸ 이유 :

머리말에서 우리는 또 하나의 중요한 요소를 찾아내야 해. 바로 저자가 책에서 전하고 싶은 '메시지'야. 주제나 혹은 주장, 이야기의 줄거리 말이야.

하긴 모든 글에는 주제가 있기 마련이지요. 국어 시간에 시나 소설에서도 주제 찾기 연습을 많이 해요.

맞아, 시험에도 잘 나오잖아.

저자는 핵심 메시지를 머리말에 미리 소개하는 경우가 많아. 처음 낯선 길을 가는 독자를 안내하기 위해서지.

나침반 역할이네요?

그렇지. 그러니까 머리말에는 책여행에 필요한 '나침반'이 있고 그 나침반이 바로 저자의 생각이요, 주장이요, 메시지이자 주제라는 의미지. 나침반이 있는 머리말을 함께 읽어 볼까?

---

1. 〈공부가 되는 그리스 로마 신화〉(글공작소 지음) 머리말 중
공상은 내 마음대로 생각하는 것이지만 상상력은 이성과 더불어 교양, 지식 등 현실의 힘

을 바탕으로 이루어지는 생각의 힘입니다. 인류는 이 상상력과 창의력을 바탕으로 한 생각하는 힘에 의해서 오늘날의 문명을 만들어 낼 수 있었습니다. 그리스 로마 신화는 인간에게 바로 그 상상력과 창의력의 주춧돌을 제공합니다. 뿐만 아니라 지금 같은 글로벌 시대에 우리 아이들이 그리스 로마 신화를 읽는 것은 국제적 문화소양을 갖추는 지름길이기도 합니다. 우리 아이들이 그리스 로마 신화를 통하여 부디 글로벌 시대에 걸맞은 국제적 문화 소양도 함께 갖추어 미래의 주인공으로 거듭나기를 바랍니다.

 제가 요약해 볼게요. '그리스 로마 신화를 읽으면 오늘날 인류 문명을 만들어 낸 상상력과 창의력을 키울 수 있다. 또 국제적 문화소양을 갖춘 미래 주인공이 될 수 있다.' 어때요?

오, 준수는 핵심을 잘 파악하는구나.

에헴!

---

2. 〈생각키우기〉(이어령 지음) 머리말 중

생각을 많이 한다는 게 꼭 공부를 열심히 해야 한다는 뜻은 아냐. 물론 공부를 잘하면 좋지. 하지만 선생님이 가르쳐 주는 것만 듣고 외우는 아이보다 스스로 생각해 보고 궁금한 것을 질문할 줄 아는 아이가 다음에 더 많은 것을 창조할 수 있어. 학교 다닐 때는 공부를 정말 못했지만 자기만의 방식으로 질문을 던지고 답을 구하던 아이가 훗날 이름 높은 과학자나 예술가가 되었다는 얘기를 너도 심심찮게 들어 봤을 거야. 그러니 네 머릿속에도 늘 물음표가 자리 잡고 있으면 해.

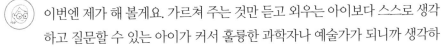 이번엔 제가 해 볼게요. 가르쳐 주는 것만 듣고 외우는 아이보다 스스로 생각하고 질문할 수 있는 아이가 커서 훌륭한 과학자나 예술가가 되니까 생각하고 늘 질문을 하라는 거죠?

루미도 핵심 주제를 잘 찾아냈구나!

나도 에헴!

그런데 말이야. 이런 머리말은 책을 읽는 독자뿐만 아니라 책을 쓰는 저자에게도 똑같이 아주 중요하단다.

 왜요?

자신이 하고 싶은 주장이나 메시지, 주제를 머리말에 명확하게 기록해 두어야 책을 쓰는 동안 딴 길로 새지 않기 때문이지.

이정표군요! 저도 글을 쓰다 보면 엉뚱한 얘기로 흘러갈 때가 많더라고요.

그래서 저자에게도 독자에게도 정말 중요한 글이 바로 미리말이란다.

※ 책의 머리말에서 저자가 독자들에게 전하는 주제가 되는 문장을 찾아 정리해 보세요.

※ 만약 머리말에 나와 있지 않다면 독서를 하면서 생각한 저자의 주장을 3줄 이내로
정리해 보세요.

※ 내가 만약 저자가 된다면 구체적으로 '어떤 독자'에게, 책을 통해 '어떤 주장'을 하고
싶나요? 주제를 적어 보세요!

도서 분류표와 책의 분야, 표지 정보, 저자 프로필, 머리말 등을 한 번도 깊이 있게 생각해 본 적이 없는데 이렇게 다양한 생각거리가 있다는 게 놀라워요.

이제 저자의 관점에서 책을 보기 시작했다는 증거야. 그럼 전체 과정에서 생각해 볼 때 머리말 다음에는 뭐가 나올 것 같아?

'목차'요. 샘! 이것도 저자 관점에선 엄청나고 무시무시한 의미가 숨어 있겠죠?

크아! 우리 준수가 이번에도 도사처럼 넘겨짚으며 맞추네.

우리 준수는 잔머리 대마왕에 넘겨짚기 대마왕이니까!

하하, 나도 그렇게 생각해. 사실 책을 읽을 때 목차를 꼼꼼히 분석하는 독자는 거의 없을 거야. 하지만 너희들이 샘에게 '책의 내용을 아는 게 중요할까요? 목차 만드는 능력이 중요할까요?'라고 물어본다면 난 목차를 만드는 능력, 즉 목차 설계 능력이 훨씬 더 중요하고 가치 있다고 말하겠어.

왜 목차 만들기가 그렇게 중요한 거예요?

무슨 일을 하든 생각한 것을 구체적인 무언가로 만들려면 반드시 '설계도'와 같은 것이 있어야 하거든. 남녀 사이에 프러포즈를 예로 들어 볼게.

'나'와 '그녀'를 연결시키는 사랑의 다리를 건설해야 한다.
나와 그녀 사이를 잇는 '다리'가 없다면 절대 사랑은 이루어지지 않는다.

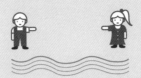

반지를 전달하고 고백하기 위해 당연히 '나'와 '그녀'가 함께 있는 거리를 파악하고
물의 깊이나 날씨 같은 정보를 수집하고 분석하여 그 사이에 놓을 다리의
설계도를 그려야 한다. 무대를 파악하는 일이다.

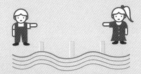

무대 위에 상판을 깔아 '나'와 '그녀'를 연결시킨다.
드디어 나와 그녀를 연결하는 길이 생겼다. 이제 서로가 통할 수 있게 됐다.

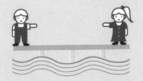

다리 위를 달릴 차에 프러포즈 반지와 꽃다발을 싣고 '나'가 '그녀'에게 달려간다.

드디어 '그녀' 앞에 차가 멈춰 선다.
트렁크에서 아름다운 꽃다발과 반지를 꺼내 프러포즈한다.

프러포즈도 자세한 설계도가 필요하다는 말씀이죠?

그렇지. 자신의 아이디어나 생각만으론 어떤 창조도 이루어 내지 못해. 하지만 매 순간 구체적인 설계도를 그리는 습관을 가지면 실제로 목표가 이루어질 가능성이 매우 높아져. 그러니 설계도를 잘 그리면 창조할 가능성이 높아지고, 가치가 생기고, 돈도 벌 수 있게 되지. 책 역시 반드시 '목차 설계'를 거쳐야 한 권의 책이 탄생할 수 있는 거란다.

와, 책을 쓰는 저자에게는 목차를 만드는 능력이 꼭 필요하겠군요.

물론이지. 이뿐만이 아냐. 책의 목차를 분석하고 스스로 책의 목차를 짜고 구성할 수 있는 능력을 키우면 논리적인 사고력을 키우는데도 아주 큰 도움이 된단다. 목차 설계는 저자의 주장이나 생각, 이야기를 전달하기 위해 모은 다양한 정보와 지식을 비교하고 분류하고 통합하여 '로직트리'를 구성하는 과정이기 때문이야.

목차에 보면 1장, 2장, 3장의 제목들이 있고 또 그 밑에 작은 제목들이 있는데 그걸 '로직트리'라고 말하는 건가요?

그래. 책의 목차는 대부분 큰 분류와 작은 분류로 이루어져 있고, 나뭇가지 모양을 연상시키는 '로직트리'로 만들지. 이제 학교에서 '프로그램 코딩'을 정규 과목으로 배우잖니? 이 코딩이 바로 책의 목차 만들기 작업과 같은 원리라고 생각하면 돼.

〈1일1독서의 힘〉의 목차

들어가는 글

로직트리를 만드는 데 여러 방법이 있으니까 기억해 두고 생활 속에서 자주 활용해 봐. 그럼 인생에 정말 큰 도움이 될 거야.

1. N분의 1(1/N) 세분화 기법 : 1계명, 2계명, 3계명… 10계명처럼 내용이나 정보를 거의 똑같은 분량과 형식으로 적는다.

2. 1-3-1 기법 : 서론, 본론, 결론으로 나눈 후 본문은 3가지로 다시 분류한다.

3. 기승전결 기법 : 어떤 일이 시작되는 부분, 전개 부분, 상황이 전환되거나 극적

　반전이 이루어지는 부분. 이야기의 마무리 부분으로 나누어 만든다.

4. 발단-전개-위기-절정-결말 기법 : 기승전결을 좀 더 자세히 나눈 것으로 주로

　소설과 같은 이야기에 사용한다.

5. 상황분석-문제정의-솔루션-실행계획-기대효과 기법 : 기획서, 제안서를 작성할 때

　자신의 아이디어나 주장을 논리적으로 설득하는 과정을 반영한 설계도

6. 계단식 전개 기법 : 1단계, 2단계, 3단계, 4단계, 5단계처럼 계단 모양으로

　이어지도록 만든다.

7. 상중하 기법 : 상위그룹, 중간그룹, 하위그룹처럼 묶음으로 만든다.

8. 테마별 분류기법 : 테마 _{주제 thema} 를 정해 그것을 기준으로 분류한다.

　(긴 것/짧은 것, 보이는 것/보이지 않는 것 등)

9. 시간 흐름 기법 : 역사책 목차처럼 시간의 흐름 순서대로 만든다.

앞으로 책을 읽을 때 목차가 어떻게 구성돼 있는지 꼼꼼하게 분석해 볼 거예요.

좋아. 설계도를 잘 그리는 사람이 일을 성공시킬 가능성이 높으니 부자가 될 확률도 높겠지? 준수가 독서를 할 때 목차를 더 신중하게 살펴보면 부자가 될 거야. 그럼 샘과 루미에게 맛있는 거 많이 사 줘!

당연하죠. 피자에 통닭에 아이스크림, 뭐든지요!

※ 읽고 있는 책의 목차를 저자는 어떻게 구성했는지 분석해 특징을 적어 보세요.

※ 가장 좋아하는 책의 목차를 필사 그대로 따라 적기 해 보세요.

※ 내가 앞으로 쓰고 싶은 글이나 책을 5장 3절로 구성하여 목차를 구성해 보세요.

1장 :

    1.

    2.

    3.

2장 :

    1.

    2.

    3.

3장 :

   1.

   2.

   3.

4장 :

   1.

   2.

   3.

5장 :

   1.

   2.

   3.

7단계 / 목차별로 핵심 단어들을 찾아 적어라

07

드디어 우리의 창독여행에서 책의 본문에 도착했군.

저자관점에서 보니 책 한 권을 탐험하는 여행이 생각보다 훨씬 더 흥미진진한데요?

표지 레벨, 프로필 레벨, 머리말 레벨, 목차 레벨을 정복하고 이제 본문 레벨까지!

준수에겐 싫었던 독서가 즐거운 게임이 됐네!

내용을 오래 기억하고 싶을 때 도움이 되는 방법이 있나요?

간단한 아이디어가 있지. 책의 본문을 읽을 때 중요한 핵심 단어들을 책 앞 쪽 목차페이지의 해당 제목 옆에 죽 적어 보렴. 그럼 나중에 목차만 봐도 책의 주요 내용이 쉽게 기억날 거야.

그런데 샘, 창독을 한다고 해서 다독이나 속독, 정독을 하지 말라는 말씀은 아니죠?

그래 맞아. 창독을 해야 한다고 하니 다독이나 속독, 정독을 하지 말라는 걸로 오해하기도 하는데 그게 아니야. 저자관점으로 책을 보는 창독이 우선순위라는 의미일 뿐이니까.

창독 ▶ 정독 ▶ 다독 ▶ 속독 ▶ 반복독

실제로 정독, 다독, 속독처럼 책 내용에서 독서의 의미를 찾으려 할 때는 이 책이 어떤 과정을 거쳐 쓰였는지 생각해 본 적이 없었어요.

저자 관점에서 이 책을 어떻게 쓰게 됐는지, 어떤 과정을 통해 썼는지, 책이 완성되는 핵심 요소는 무엇인지 알고 나니 책의 내용을 훨씬 잘 이해할 수 있을 것 같아요.

그건 책의 핵심 요소들이 모두 하나로 연결돼 있기 때문이야. 생각해 보렴. 책 본문에 나온 지식이나 정보, 이야기는 무엇에 의해 구성돼 있었을까?

당연히 목차에 따라 구성돼 있겠죠.

그럼 그 목차는 어디에서 만들어졌지?

저자가 책을 통해 전하고 싶은 주장이나 메시지에서요.

그렇지. 그렇다면 주장이나 메시지가 나온 곳은?

저자의 관심 분야, 특별한 경험이나 상상력, 또는 재능이나 연구, 아이디어 등에서요.

프로필에 소개된 저자의 삶이 영향을 많이 끼쳤겠죠?

그리고 그 출발점은 저자가 살았던 시대의 상황 또는 그 당시 많은 사람들이 필요로 했던 정보나 지식, 그것들이 바로 책의 창조무대일 테고.

마치 다양한 구슬이 실 하나에 모두 연결돼 있는 것 같아요.

 창독을 하다 보면 표지만 봐도 저자의 삶을 머릿속에 그려 낼 수 있고 저자의 프로필만 읽어도 머리말에 어떤 내용이 나올지 예측할 수 있지. 또 머리말을 읽으면 목차를 예상할 수 있고. 당연히 목차를 완벽하게 이해하는 것만으로도 책의 내용을 가늠해 볼 수 있는 사고력도 생기게 되는 거야. 저절로 다양한 관점을 가지게 되는 거지. 그게 통찰력이란다.

✏️ 함께 해 봐요!

※ 읽고 있는 책의 목차를 보고 각 장의 제목을 쓴 후 주요 꼭지별 키워드 ^{핵심단어 keyword} 를 찾아 정리해 보세요.

▸1장 :

▸2장 :

▸3장 :

▸4장 :

▸5장 :

※ 써 보고 싶은 글의 제목을 쓴 후 핵심 단어를 먼저 정리하여 문장으로 만들어 보세요.

▸글 제목 :

▸키워드 :

▸키워드를 문장으로 만들기 :

8단계 / 책 내용이나 이야기의 줄거리를 요약하라

08

책에서 가장 많은 분량을 차지하는 부분은 어디일까?

책의 내용이요.

책의 내용은 분야에 따라 매우 다양해. 우선 학습서도 있고 정보나 지식을 주는 실용서도 있고, 소설이나 에세이도 있지. 각각 독서의 목적도 다를 수 있어. 그럼 우리가 학습서를 읽는 목적은 뭘까?

공부하는 데 도움을 얻기 위해서요.

정보나 지식을 담은 책을 읽는 이유는?

새로운 사실을 알기 위해서요.

좋아. 그럼 소설이나 에세이는 어때?

소설이나 에세이 같은 책에선 감동이나 교훈, 공감을 얻을 수 있어요.

재미있게 시간을 보내고 싶을 때도 읽어요.

지금부터 내용을 잘 파악하는 법을 알아보자. 분야나 내용에 따라 조금씩 다르겠지만 일단 전체를 살펴보고 세세한 것은 나중에 검토하는 게 가장 좋은 방법이란다.

숲을 먼저 보고 나무를 나중에 보라는 의미죠?

그렇지. 나무에 너무 집착하다 보면 숲을 놓칠 수 있으니까!

전체 숲을 잘 보는 방법이 있나요?

'목차'를 미리 머릿속에 새겨두는 게 큰 도움이 될 거야. 그러면 내용의 전체 흐름을 파악하기 좋지.

아, 목차가 책 내용을 잘 이해하는 데 도움이 되는군요.

그 다음엔 책의 내용을 다양한 독서법으로 잘 파악해야지. 목차로 책의 내용을 생각해 둔 뒤 '주마간산 走馬看山'으로 빠르게 읽어 내려가는 게 '속독'이야. 주마간산이라는 말은 들어봤지? 말을 타고 달리면서 산의 모습을 대충 훑어본다는 뜻이지. 정독은 책의 목차라는 설계도를 따라 각 장과 꼭지의 세부 내용을 최대한 자세하게 이해하고 넘어가는 거야. 속독이든 정독이든 책의 내용이나 독서시간, 책의 난이도 등에 따라 독서방법을 그때그때 결정하는 것이 좋아.

책의 내용을 파악하면 그 다음엔 무엇을 해야 하나요?

그 다음엔 책 내용을 잘 기억하고 활용하기 위해 '요약'을 해 두는 것이 좋단다. 요약을 잘 한다는 건 그만큼 책의 전체 내용을 잘 이해한다는 말이거든.

요약은 그냥 핵심 문장들을 정리하는 게 아닌가요?

요약이란 단순히 주제문을 찾아 짜깁기 하는 것이 아니란다. 책의 주제와 그 주제를 표현한 구성을 최대한 압축해서 정리하는 것이지. 보통 소설은 줄거리를 중심으로, 설명문은 설명하는 내용을 중심으로, 주장문은 주장과 논리적인 근거를 중심으로, 지식이나 정보 글은 핵심적인 지식과 정보의 정의를 중심으로, 또 위인전은 인물의 가치 있고 영향력이 있었던 삶과 도전, 성취를 중심으로 요약한단다.

아무래도 교과서에 나오는 내용은 기본 원리나 개념을 잘 파악해서 요약하는 게 좋겠죠?

하긴 공책에 요약을 잘하는 친구들이 공부도 잘하더라!

준수 말대로 요약 능력은 공부 능력과 매우 연관성이 높단다. 우리가 학교에서 필기를 하는 것은 모두 요약 과정이라고 볼 수 있지.

샘, 그럼 요약을 잘하는 방법도 있나요?

물론 있지. 요약이란 많은 분량의 내용을 압축해서 짧은 시간에도 이해할 수 있도록 하는 거라고 했잖아. 그래서 최대한 간단하게 정리하는 것이 중요해. 요약한 내용이 너무 많거나 복잡하면 그것을 파악하는데 또 시간이나 노력이 드니까.
반복되거나 중복되는 것은 없애거나 합치고 중요한 순서대로 잘 분류하는 것이 필요하단다. 이를 위해 한눈에 정보를 쉽게 알아볼 수 있는 '마인드맵' 같은 생각정리법을 이용하면 큰 도움이 되지.

마인드맵 mind map 읽고 생각하고 분석하고 기억하는 그 모든 것들을 마음속에 지도를 그리듯 정리하는 기술

처음엔 좀 어려울 것 같은데 해 보면 재미있을 것 같아요.

 책을 요약할 때 마인드맵을 활용해 볼게요.

✎ **함께 해 봐요!**

※ 읽고 있는 책의 내용을 '요약'해 보세요.

▸ 핵심 단어들 정리:

▸ 핵심 문장들 정리:

▸ 핵심 메시지(줄거리) 정리:

※ 책의 본문을 읽고 저자의 글쓰기에서 나타나는 특징을 찾아 정리해 보세요.

▸ 저자는 글에서 짧은 문장(단문)과 긴 문장(장문, 복문) 중 어느 것을 많이 사용했나요?

저자는 글에서 서사체, 묘사체, 대화체* 중 어느 것을 주로 활용하고 있나요?

* 서사체 : 사실을 객관적으로 쓴 글
  묘사체 : 구체적으로 자세하게 쓴 글
  대화체 : 주고받는 대화로 쓴 글

샘, 창독을 하면 정말 책 한 권을 읽더라도 머리가 막 돌아갈 것 같아요.

전 책을 쓴 저자를 더 많이 이해할 수 있을 것 같은데요?

하하, 벌써 여행을 끝내고 파티를 하기엔 이르지. 창독의 마지막엔 훌륭한 독자가 돼야 하거든.

힐!

마지막 독자 관점에서 무얼 해야 하나요?

숲을 봤다면 이제 나무 한 그루 한 그루를 잘 살펴봐야지.

어떻게요?

간단해. 현미경으로 디테일하게! 예를 들어 좋은 문장이 있다면 그대로 따라 적는 '필사'를 해 보는 거지.

필사요?

그래. 필사 筆寫 란 글을 그대로 옮겨 적는다는 의미야. 샘이 책을 읽으면서 필사해 두었던 명언들을 몇 개 소개할게.

• 배 한 척을 만들려거든 사람들을 불러 모아 나무를 해 오게 하거나 이런 저런 일을 시키려 하지 말고, 끝없이 망망한 바다에 대한 동경을 심어 주어라.

　　　　　　　　　　　　　　　　　　　　　　　- 〈어린 왕자〉 작가 생텍쥐베리

• 재능 있는 사람은 아무도 맞힐 수 없는 표적을 맞히지만 천재는 아무도 볼 수 없는 목표를 맞힌다.　　　　　　　　　　　　　- 독일 철학자 아르투어 쇼펜하우어

• 정신은 내면의 목표가 있을 때에만 발달한다. 목표를 세우려면 변화할 수 있어야 하고 움직일 수 있는 자유가 있어야 한다. 항상 자유가 있을 때 풍요로운 정신적 결실이 있었음을 명심해야 한다. 목표는 어느 누구도 대신 세워 줄 수 없다.

　　　　　　　　　　　　　　　　　　　　　　　- 심리학자 알프레드 아들러

 좀 어려운 이야기도 있지만 멋진 말인 것 같아요.

 필사를 해두고 강연이나 책을 쓸 때 활용한단다.

 필사는 몇 개를 해야 하나요?

 필사를 많이 해야 좋다거나 몇 개를 반드시 해야 한다는 규칙은 없어. 자신에게 의미 있거나 오래 간직하고 싶은 문장을 선택하면 돼.

> 1. 새로 알게 된 지식이나 정보
> 2. 마음에 와 닿는 문장
> 3. 기억해 두면 도움이 될 것 같은 문장

4. 어떤 사상이나 진리 따위를 예리하고 간결하게 표현한 경구

5. 삶에 도움이 되거나 교훈을 주는 명언

멋진 문구를 필사 한 후 달달 외워 친구들에게 써 먹으면 놀라겠지?

당연히 놀라겠지. 네가 준수가 아닌 줄 알 테니까.

하하. 짧은 문장을 한두 개 쯤 외워서 친구들에게도 활용해 보고 글쓰기 할 때도 인용을 하면 정말 큰 도움이 될 거야.

✏️ 함께 해 봐요!

※ 읽고 있는 책에서 마음에 드는 문장을 골라 '필사'해 보세요.

1. 새로 알게 된 지식이나 정보 :

2. 마음에 와닿는 문장 :

3. 기억해 두면 도움이 될 것 같은 문장 :

4. 어떤 사상이나 진리 따위를 예리하고 간결하게 표현한 경구 :

5. 삶에 도움이 되거나 교훈을 주는 명언 :

정리 해 볼까? 저자는 자신의 주장을 목차설계도에 담아 글로 독자들에게 들려주는 사람이야. 책 본문에는 새로운 지식이나 정보도 있고, 주장이나 아이디어도 있고, 삶의 이야기나 상상의 이야기도 있지. 본문 마지막에는 책 앞부분에 있는 머리말 프롤로그 prologue 에 맞춰 맺음말 에필로그 epilogue 로 마무리를 하지.

샘, 맺음말에 저자는 주로 무엇을 쓰나요?

본문에서 했던 중요한 메시지를 다시 한 번 강조하거나 독자들이 알아 두었으면 하는 것, 아직 못 다한 말이나 이 책을 읽고 앞으로 독자들이 하길 바라는 점을 쓰지. 때론 독자의 질문에 대한 답을 적는 Q&A로 맺음말을 대신하기도 하고. 이 외에도 책을 쓰는 데 도움을 주신 분들을 소개하며 감사의 인사를 하는 경우도 있고, 참고문헌이나 자료 목록을 소개하기도 한단다.

독서는 시골로 기차여행 떠나는 것과 비슷한 것 같아요. 책의 표지라는 개찰구로 들어가서 머리말과 목차라는 탑승로에서 승무원의 안내를 받아 기차를 타는 거죠. 본문을 읽는 여행을 하고 마지막 맺음말이라는 출구를 나서잖아요.

오, 준수가 갑자기 왕 똑똑이가 됐네. 재미있는 비유야.

(어깨 으쓱) 이번에도 나 한 건 한 거야? 창독으로 과정을 생각하니까 생각이

막 연결돼.

저자가 책 한 권을 쓰는 과정 = 독자가 저자 관점으로 창독 하는 과정 = 기차 여행을 하는 과정 = 세상 모든 창조가 이루어지는 과정!

정말 공통분모가 있네요.

우리가 창독을 해야 하는 진짜 이유가 바로 거기에 있단다. 단순히 책을 잘 읽겠다는 목표가 아니라 책 한 권으로 이 세상이 창조되는 모든 원리를 이해할 수 있다는 것이고 그게 진정한 생각의 힘이자 창의성이라는 걸 말하고 싶은 거야.

샘. 제가 들고 있는 책 뒤표지에는 홍보카피와 함께 추천사들이 실려 있어요.

제 책에는 이 책의 핵심 메시지와 교훈이 적혀 있는데요?

뒤표지는 앞표지와 함께 독자와 만나는 책의 얼굴이기도 하고, 책의 마지막 작별인사이기도 해. 그래서 책의 앞표지에 다 설명하지 못했던 이 책의 주요 내용과 장점, 특징을 보여 주기도 하고 추천사를 넣기도 한단. 뒤표지는 독자들에게 이 책의 매력을 알리는 곳이야. 소설이나 에세이의 경우는 교훈이 실리는 경우가 많지만.

아, 이제 뒤표지가 어떤 기능을 하는지 알 것 같아요.

책을 다 읽었으면 마지막으로 정리 작업을 해야겠지? 아까 준수가 말한 대로 기차에서 내려 광장으로 나온 여행자는 여행 과정을 돌아보겠지? 독서여행도 마찬가지일 거야! 책을 읽고 난 후 느낀 점을 정리해 보거나 교훈을 떠올려 보면 좋아. 그리고 공부나 생활에 적용할 수 있는 것이 있다면 기록해 두고 하나씩 실천해야지.

독서 감상문을 써 보는 것도 좋겠죠?

 그렇지. 다음을 참고해서 독후감을 써 보렴.

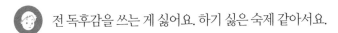

독후감의 핵심 요소
- 이 책을 읽은 동기나 목적
- 책의 핵심 메시지(주제)와 내 생활의 연관성
- 독서 후 느낀 점, 책을 통해 달라진 생각이나 앞으로 생활의 자세

전 독후감을 쓰는 게 싫어요. 하기 싫은 숙제 같아서요.

후훗, 독후감을 굳이 의무감에 써야 할 필요는 없어. 하지만 독후감을 써두면 편리할 때가 무척 많아. 시간이 지나면 누구나 책 내용을 잊어버리잖아. 그때 독후감을 열어 보면 금방 기억나니까 책을 처음부터 또다시 읽지 않아도 되지. 그냥 기억해 두고 싶은 내용이나 느낌을 정리해 둔다고 생각하면 돼. 독후감 쓰는 것 외에도 강규형 저자의 〈독서 천재가 된 홍 팀장〉이란 책에 소개돼 있는 '본깨적'을 정리하는 방법도 있고.

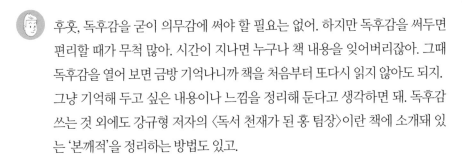

본깨적
- 본 것 : 책에서 인상 깊었던 내용
- 깨달은 것 : 본 것을 통해 깨달은 내용
- 적용할 것 : 내 생활에 적용할 내용

 알겠어요. 드디어 창독 완성!

 창독 끄읕~.

그동안 창독의 요령을 단계별로 정리해 봤는데 이젠 충분히 이해할 수 있겠지? 창독은 우리에게 엄청난 '생각의 힘'을 키워 줄 거야. 다음 장에선 창독을 잘 할 수 있게 돕는 다양한 독서기술을 알려 줄게.

네, 좋아요.

함께 해 봐요!

※ 읽은 책의 독후감을 간단하게 적어 보세요.

▸ 이 책을 읽은 동기나 목적 :

▸ 책의 핵심 메시지와 내 생활의 연관성 :

▸ 독서 후 느낀 점, 책을 통해 달라진 생각이나 앞으로 삶의 자세 :

※ 읽은 책의 '본깨적'을 간단하게 정리해 보세요.

▸ 본 것 :

▸ 깨달은 것 :

▸ 적용할 것 :

※ 내가 쓰고 싶은 책을 생각해 보고 '홍보 문구'를 작성해 보세요.

▸ 내 책을 독자들이 꼭 읽어야 하는 이유 :

▸ 내 책의 장점과 특징을 잘 표현하는 카피 :

▸ 내가 내 책의 뒤표지 추천사를 3줄 내외로 써 본다면? :

4장

창의독서를 위해
알아두어야 할 독서기술

·

·

·

책 내용을 모두 다 알아야 한다는 부담감 떨치기

'내용' 중심의 기존 독서법은 여러 가지 약점이 있다는 걸 알게 됐지?

물론이죠. 새로운 지식이나 최신 정보, 재미있는 이야기 등을 얻는 방법은 책보다 훨씬 더 편리하고 좋은 것들이 많아졌잖아요.

유튜브나 국내외 포털 사이트의 검색, 나무위키 등 언제 어디서든 스마트폰으로 궁금한 것을 찾아 바로 해결할 수 있잖아.

이젠 굳이 검색할 필요도 없어요. 인공지능 제품에게 물어보면 알아서 척척 답해 주니까요. 원하는 음악까지 틀어주고 책 주문이나 상품 배달도 대신 해 줘요.

샘, 요즘엔 인공지능이 어떤 외국어라도 동시통역해 준다던데요?

맞아. 인공지능은 우리 삶의 많은 것을 바꾸고 있어. 학교에서 외국어 교육방법도 큰 변화가 일어날 거라고 예측할 수 있지. 조만간 인공지능에게 컴퓨터 프로그램 코딩까지 시킬 수 있어.

코딩도 인공지능에게 시키면 되는데, 왜 학교 수업에서 배워야 해요?

음, 샘 생각엔, 코딩을 가르치려고 학교 정규과목을 도입했다면 그런 정책을 만든 사람들이 정말 바보인 거고, 논리적 사고력을 키우려고 도입했다면 그럴 수 있겠다 싶어.

이렇게 세상이 변하고 있으니 책을 무조건 많이 읽어야 한다는 생각도 변해야 해요.

맞아, 다독도 책으로 대부분의 새로운 정보나 지식을 얻어야 했던 시대에 강조했던 고정관념일 수 있어. 과거에는 유일하게 책이 지식전달의 핵심 수단이었으니 독서량과 정보량이 정비례했겠지.

결국 지금은 창의성을 키우는 독서로 변해야 한다는 거죠?

맞아. 좋은 문장 하나를 찾아내려는 독서보다는 책을 통해 창조적 사고력을 키우는 독서가 더 중요해졌다는 거지.

창~독!

그렇지. 바로 저자 관점으로 독서하는 것! 그럼 책의 분야에 따라 창독을 조금씩 바꾸어 적용해 볼까?

소설 분야 창독 : 작가는 어떤 발단-전개-위기-절정-결말로 이야기를 만들었을까를 정리해 본다. 특히 본문 이야기에는 흥미와 반전을 이끌기 위한 장치가 무엇인지 저자 관점에서 찾아보자. 이외에도 등장인물의 특징 캐릭터 character 과 이야기 시점 누구의 입장에서 이야기를 써 내려갔는가 , 문체 서사체, 대화체, 묘사체 등을 살펴본다.

인문고전 분야 창독 : 저자의 말이 아니라 저자와 만남에 주목해 보자. 저자의 삶과 경험, 연구나 깨달음의 과정을 추적해 보자. 저자와 상상의 대화를 나눠 보자. 왜 저자는 책 속의 이야기를 하게 되었는지 스스로 묻고 답해 본다.

자기계발 분야 창독 : 저자가 책을 쓰게 된 동기, 이 책에서 주장하는 핵심 메시지와 목차, 내용을 알아낸 후 주요 내용을 내 생활에 적용하거나 도움이 되는 아이디어를 실천해 본다.

학습 분야 창독 : 한 권의 책은 낱개의 재료가 아니라 하나의 과정이다. 단순한 낱개의 지식과 정보로 암기하지 말고 기승전결의 구성과 프로세스의 사건으로 재구성하여 이해해 본다. 가령, 역사학습서라면 제도와 명칭을 암기하기보다 그 당시 국내외의 문제에 맞서 권력자가 어떤 의지를 갖고 어떤 제도를 만들었는지, 그리고 어떻게 실천했고 그 결과는 어땠는지를 연결하여 생각한다.

솔직히 독서가 힘들었던 것 중 하나가 책을 읽으면 내용을 다 암기하고 기억해야 할 것 같은 부담 때문이었어요. 읽고 나서 아무것도 생각이 안 나면 책 읽은 보람도 없었고요.

맞아요. 안 그래도 재미없고, 읽어도 별로 기억이 안 나는데 부모님이 계속 독서를 하라고 하니 진소리처럼 느껴졌어요.

그런 점에서 창독이 도움이 된단다. 창독으로 책의 창조 과정을 이해하는 것이 더 중요해. 하나하나의 지식에 집착하지 않아도 전체를 이해하게 되면 내용도 더 잘 기억나니까. 지식들은 다른 수단을 통해서도 얼마든지 얻을 수 있고, 궁금한 것이 생기면 그때그때 스마트폰으로 검색하면 되잖아. 그냥 탐정처럼 책이 창조되는 과정을 탐구하며 즐겁게 독서하면 되지.

창독하면 책을 더 많이 읽을 것 같아요.

※ 관심 있는 독서 분야를 선택하여 어떻게 창독을 할 것인지 구체적으로 적어 보세요.

▸ 소설 분야 창독 :

▸ 인문고전 분야 창독 :

▸ 자기계발 분야 창독 :

▸ 학습 분야 창독 :

독서 목표를 채우면 스스로에게 보상하기 02

'독서를 하겠다는 사람'과 '아무 생각이 없는 사람' 중 누가 독서를 많이 할까?

당연히 독서를 하겠다는 사람이겠죠?

그럼 '독서를 하겠다는 사람'과 '한 달에 3권씩 독서를 하겠다는 사람' 중 누가 목표를 달성할 가능성이 높을까?

당연히 한 달에 3권씩 독서를 하겠다는 사람이요.

구체적인 목표를 세우면 실천할 가능성이 높고, 목표를 이룰 가능성도 높단다. 목표에 대한 명언들을 함께 읽어 볼까?

• 사람은 목적 없이 세상을 살아가서는 안 된다. 인간은 자기 나름대로 어떠한 목표를 정하고 착실하게 살아 나가야 한다. 아무런 목표 없이 그날그날을 산다면 동물과 다를 바가 조금도 없다.
  - 알베르 카뮈

• 확고한 목표를 지닌 인간은 그것을 반드시 성취하게 되어 있으며 그것을 성취하고자 하는 그의 의지를 꺾을 만한 것은 아무 것도 없다.
  - 벤저민 디즈레일리

• 정확한 목표 없이 성공의 여행을 떠나는 자는 실패한다. 목표 없이 일을 진행하는
  사람은 기회가 와도 그 기회를 모르고 준비가 안 되어 있어 실행할 수 없다.

- 노만 V. 필

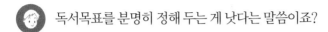 독서목표를 분명히 정해 두는 게 낫다는 말씀이죠?

그렇지. 독서하는 이유, 독서량이나 독서방법 등을 충분히 고민해 보고 또 목표를 이룰 수 있는 독서시간을 마련하면 좋지. 게임시간을 줄이거나 학급독서 시간을 잘 활용하거나 주말과 방학 시간을 좀 더 체계적으로 계획해 독서를 해 보렴.

준수 넌 게임 시간만 줄이면 한 달에 10권 이상 읽을 수 있어.

후훗! 그건 맞는 말이지. 혹시 너희들은 독서에 대한 목표를 세워 본 경험이 있니?

전 아직 없었어요.

저도요.

어쩌면 아직 독서에 대한 목표를 정하지 않아서 독서에 흥미를 가지지 못했을 수도 있단다. 목표를 정한다는 것은 관심을 갖겠다는 자신과의 약속이고 관심을 가지면 책이 더 많이 눈에 띄며 그럼 책과 훨씬 더 친해 질 수 있지.
목표를 정할 때는 가능하면 구체적으로 정하는 게 좋아. 그리고 목표를 잘 달성할 수 있도록 다양한 규칙도 만들어 놓으면 도움이 된단다. 규칙에는 목표를 이루었을 때 주는 선물과 목표를 이루지 못했을 때 주는 벌칙도 들어 있으면 해.

재미있는 규칙을 서로 합의해 정해두면 정말 독서에 도움이 될 것 같아요.

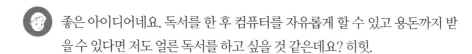 먼저 창독 전용 책장을 준비해 보렴. 굳이 새로 살 필요는 없어. 원래 있던 책장에서 책을 모두 빼고 사용하면 되니까. 빈 책장을 창독한 책으로 채워간다고 생각하면 돼. 자신이 매일 읽은 책들을 언제든 눈으로 확인할 수 있다면 굉장히 뿌듯하지 않겠어? 또 앞으로 빈 공간이 어떤 책으로 채워질지 생각하는 것만으로도 독서에 '자극제'가 될 거야.

한 권씩 채워 가면 힘이 되고, 남아 있는 빈 칸을 정복하겠다는 열정과 도전정신도 부쩍 커지지. 책장을 볼 때면 자신이 어떤 종류의 책을 읽었는지, 책의 수준이 어떤지, 지금까지 몇 권을 읽었는지도 쉽게 알 수 있지. 그러니까 책장이 바로 창독을 돕는 멋진 도우미가 되는 셈이야.

좋은 아이디어네요. 독서를 한 후 컴퓨터를 자유롭게 할 수 있고 용돈까지 받을 수 있다면 저도 얼른 독서를 하고 싶을 것 같은데요? 히힛.

목표를 달성한 후 얻고 싶은 선물 10가지

1위 : 용돈	6위 : 애완동물 기르기
2위 : 최신형 스마트폰	7위 : 친구 초대 또는 친구 집에 파티 가기
3위 : 휴일 맘대로 부내기	8위 : 놀이공원, 오락실, 노래방 가기
4위 : 컴퓨터 사용	9위 : 영화보기
5위 : 맛있는 요리 먹기	10위 : 여행

 우리 준수는 얄미운 욕심꾸러기, 후후훗!

 책 읽는 멋진 나 자신을 칭찬할 아이디어는 무궁무진하지. 목표를 달성하면 스스로에게 선물을 주거나 맛있는 걸 먹을 수도 있어. 부모님께 독서목표를 달성하면 바라는 선물을 달라고 제안해 볼 수도 있겠지. 목표에 대한 멋진 선물이 기다리고 있다면 독서가 더 재미있을 거야.

※ 독서 목표를 달성하면 꼭 받고 싶은 선물들을 구체적으로 적어 보세요.

▸ 목표로 설정한 독서를 성공하면 내가 나에게 주고 싶은 선물은?

▸ 목표로 설정한 독서를 성공하면 부모님이나 선생님께 받고 싶은 선물은?

샘, 막연히 책을 읽다 보면 읽을 때는 재미있는데 읽고 나면 별로 도움이 안된다는 생각도 많이 하게 돼요.

독서가 어떤 의미인지, 실제로 어떤 도움이 되는지 말하기는 쉽지 않단다. 저마다 독서의 방법이나 효과가 다르기 때문이지. 예를 들면~ 한 책이 있어. 부모님께 많이 혼난 준수는 기분전환을 위해 이 책을 읽었고, 기분이 좋아졌어. 그럼 아주 성공적인 독서지. 반면 같은 소설을 읽고 너무 유치하다고 느낀 루미는 시간만 낭비했다고 짜증이 났어. 그럼 독서가 실망스럽겠지. 그러니까 독서를 하기 전에 현실에 도움이 되는 목표와 연결시켜 놓는 거야.

예를 들어 자세히 알려 주실 수 있어요?

물론이지. 독서를 하기 전에 지금 상황에 도움이 되는 걸 목표로, 다음과 같이 구체적으로 정리해 두는 거야.

1. 우리 반 단톡방에 책에서 읽은 좋은 문구를 적어서 친구들에게 알려 줄 거야.
2. 독후감 노트 한 권을 완성할 거야.
3. 판타지소설이나 게임 스토리에 이 책의 주인공을 활용할 거야.
4. 내 블로그 방문자들에게 이 책을 소개해 줄 거야.

5. 나만의 멋진 어록집을 만들어 볼 거야.

6. 모르는 단어를 모아 어휘집을 만들어 볼 거야.

7. 내가 궁금한 직업에 대해 자세히 알아볼 거야.

8. 현재 내가 고민하고 있는 문제를 해결하는 방법을 찾아볼 거야.

9. 수학이나 과학, 역사 등 공부에 도움이 되는 책을 통해 성적을 꼭 올릴 거야.

10. 수업 내용에서 궁금한 것과 연계된 책들을 골라 읽어 볼 거야.

11. 연애편지에 인용할 시를 찾아볼 거야.

12. 마술과 마술사에 대한 정보를 알아볼 거야.

독서와 현실에 도움이 되는 목표를 서로 연결시키라는 말씀이죠?

그렇지. 루미의 경우 예쁜 손글씨를 쓰는 캘리그래피 calligraphy 도 하잖니? 루미가 많이 읽는 판타지소설에 멋진 문장이나 문구를 찾아내 캘리그래피로 적어 친구들에게 선물하겠다는 목표를 가져 봐. 그럼 친구들이 아주 좋아할 거아냐. 그런 목표는 루미가 집중해서 독서를 하는 데 도움이 되지.

아! 정말 그럴 것 같아요.

곧바로 쓸모가 있다면 책 읽는 게 훨씬 더 재미있을 거야.

혹시 샘도 현실적인 목표와 연결시켜 독서를 하세요?

당연하지. 나도 늘 독서를 현실적인 목표와 연결시키려고 노력한단다. 새로운 독서법에 대한 책을 쓰고자 마음먹었을 때 다양한 독서법 책을 읽겠다는 목표를 세우지. 창의성 강의안을 준비할 목적으로 뇌과학 책과 철학책을 읽고. 글쓰기 기술을 잘 가르칠 수 있는 방법을 정리하겠다는 목표를 정해 놓고 다양한 글쓰기 관련 책을 읽는 거야.

계속 연결시키는 거군요?

그렇단다. '열심히 책 읽자!' 이것보다는 '내일 독립기념관에 현장실습을 가니까 독립운동이나 독립운동가에 대한 책을 읽어서 버스 안에서 친구들에게 설명해 주자!' 이게 더 실천력을 키워 줄 거야.

나의 현실적인 목표는 역시 용돈을 받는 거니까 용돈과 독서를 연결시켜야지. 하하

후훗, 그래, 준수는 부모님과 잘 협상 해 봐!

하긴, 네가 독서를 열심히 하겠다고 맹세하면 부모님은 하늘의 별까지 따 주실 걸!

맞아, 맞아!

✏️ 함께 해 봐요!

※ 독서를 하는 데 도움이 될 수 있는 현실적인 목표들을 구체적으로 적어 보세요.

1.

2.

3.

4.

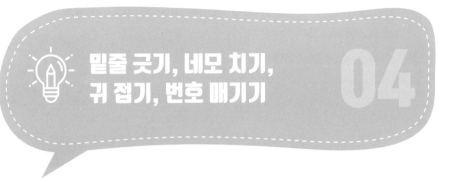

독서할 때나 정리할 때 도움이 되는 몇 가지 기술이 있어.

어떤 기술이요?

먼저 기억해 둘 건, 책을 읽을 때 무조건 책을 깨끗이 볼 필요는 없다는 거야. 그러니까 중요한 곳에 표시를 해 두어야 해. 물론 도서관에서 빌린 책이라면 예외지만.

밑줄 쫙~.

맞아. 자기 책이라면 읽으면서 소중한 보물을 발견할 때마다 표시를 해두는 게 현명하지.

제 친구들도 독서를 할 때 꼭 알록달록 다양한 필기도구를 사용해요.

밑줄 긋기는 이미 잘 알고 있지? 두 번째는 네모 치기야. 책을 읽다가 아주 중요한 단어나 주제 문장이 나왔을 때 네모를 치는 방법이지. 밑줄보다 훨씬 더 중요하다는 걸 표시하는 방법이야.

네모 말고 동그라미를 쳐도 되는 거죠?

물론이지. 네모, 동그라미, 세모 등 아무거나 괜찮아. 이런 강조표시를 하는 이유는 자신이 꼭 기억하고 싶거나 나중에 다시 찾아 읽을 수 있도록 표시하는 거니까. 단 너무 남발하면 안 돼. 중요한 곳에만 쳐야 나중에 다시 찾아보기가 좋겠지?

세 번째는 뭐예요?

귀 접기!

에이~ 책에 귀가 달렸다고요?

바보야, 그게 아니고, 책의 위아래 귀퉁이를 줄여 '귀'라고 하는 거야. 책의 페이지가 중요하다고 표시할 때 귀를 접으라고.

맞아. 책의 귀는 위쪽과 아래쪽이 있으니 아래쪽은 중요한 내용이 있는 페이지로 표시하고, 위쪽은 엄청나게 중요한 내용이 있는 페이지로 표시하는 등 원칙을 정해 접는 방법도 있지.

귀 접기를 해 놓고 밑줄이나 네모 표시를 해 두면 정말 내용을 정리하거나 나중에 다시 확인할 때 큰 도움이 될 것 같아요.

네 번째는 '번호 매기기'란다.

숫자를 적어두라는 뜻인가요?

그렇지. 책을 읽다 보면 내용이나 정보 중에 순서가 있거나 여러 가지 종류가 나열되어 있는 경우가 있어. 그럴 때 문장 앞에 1, 2, 3, 4 이렇게 숫자를 크게 기록해 두면 나중에 내용을 쉽게 파악할 수 있지.

나만의 책으로 다시 꾸미는 기분이겠어요.

 모두 내가 독서를 할 때 늘 활용하는 방법들이야. 밑줄 긋기, 네모 치기, 귀 접기, 번호 매기기. 이 네 가지만 잘 활용해도 독서할 때 이해력, 정리력, 재활용력이 굉장히 커진단다.

함께 해 봐요!

※ 독서를 할 때 활용할 수 있는 독서효과 높이기 아이디어를 찾아 적어 보세요.

1. 포스트잇 :

2. 색깔 펜 :

3. 마인드 맵 :

4.

5.

책은 '책'일까?

오, 우리 샘이 갑자기 철학자가 되셨네요?

아냐. 정말 진지하게 묻는 건데? 책은 '책'이기도 하면서 '메모장'이기도 하고 '게시판'이기도 하거든. 책에 빈 공간이 많기 때문이야.

아, 책에 있는 여백을 말씀하시는 거죠?

그래. 대부분의 책에는 생각보다 비어 있는 여백이 많단다. 그런 빈 공간을 잘 활용하면 독서의 효과를 서너 배는 더 높일 수가 있어. 독서를 할 때 밑줄 긋기나 네모 치기에만 그치지 말고 더 적극적으로 메모를 하면 좋아.

비어 있는 페이지는 정확히 어디예요?

너희들 앞에 있는 책에서 앞표지를 넘기면 빈 페이지가 한두 장 정도 있을 거야. 알록달록한 색지인 경우도 있지.

제 책에도 빈 페이지가 두 장 들어 있어요. 주황색 색지네요.

전 소설책인데 노란색 빈 페이지가 한 장 끼어 있어요.

나는 그곳에 책의 핵심 내용을 정리하곤 한단다. 주로 표나 마인드맵을 이용하는데 책을 읽으면서 정리해 나가는 편이지. 독서를 마치면 빈 페이지에 메모, 표, 마인드맵 등이 채워지지. 나중에 메모만 다시 봐도 책에 대한 많은 정보를 얻을 수 있어.

소설책도 빈 페이지에 정리해 본 적이 있어요?

물론이지. 소설책을 읽을 때는 등장인물의 이름과 캐릭터를 써 보는 편이야. 그리고 이야기의 전개도를 그려 사건의 흐름을 표시하지. 소설의 구조인 발단-전개-위기-절정-결말마다 일어난 사건을 기록해 두면 소설의 줄거리를 한눈에 파악할 수 있어. 아마도 소설가는 등장인물의 구성도와 사건의 전개도를 미리 큰 그림으로 그려놓고 이 소설을 썼을 테니까, 이곳에 설계도를 정리하다 보면 내가 소설가가 된 기분이 들기도 해.

저도 한 번 시도해 봐야겠어요.

샘, 여백에 메모할 때도 특별한 방법이 있나요?

그럼 물론이지. 우선 본문을 보면 위, 아래, 왼쪽, 오른쪽에 여백이 있잖아. 이곳은 독서 메모장이라고 생각하렴.

이곳에 주로 뭘 메모하나요?

독자마다 다르겠지만 그냥 독서를 하면서 떠오르는 생각이나 단어들을 적는 사람들이 많지. 그림이나 도형을 그리기도 하고.

샘은 주로 뭘 적어요?

내 경우는, 주로 위 여백에는 그 페이지에서 핵심이 되는 내용을 필기하듯 정리해 두지. 표나 시각적 설계도 같은 것을 활용해서.

그럼 아래 여백에는요?

아래 여백에는 '아이디어'들을 많이 메모해 두지. 책을 읽다가 보면 번쩍번쩍 계속 좋은 아이디어들이 떠오르거든. 특히 '현실적인 목표'가 있는 경우 적용해 보고 싶고, 도전해 보고 싶은 아이디어가 떠오르고, 그럴 때마다 바로바로 꼼꼼하게 메모를 해 두는 편이지.

그 메모들을 정말 생활에 활용하세요?

물론 메모한 아이디어를 최대한 적용하려고 노력한다. 예를 들어, 그 아이디어를 바탕으로 칼럼을 써서 블로그에 올리기도 하고, 강의 자료를 업그레이드할 때도 활용하지.

우와, 그렇게 독서한다면 정말 도움이 많이 될 것 같아요.

그래 맞아. 메모를 활용하다 보면 자연스럽게 책을 반복적으로 보게 되는데, 그것도 좋은 점이야. 시간이 지난 뒤에 책을 다시 집어 들어도 예전에 남겨두었던 메모와 아이디어 등 다양한 표시 때문에 금세 책 내용을 이해할 수 있지.
참, 놀라운 거 하나 알려 줄까? 그건 바로 어려운 문제를 해결해야 하거나 아이디어가 필요할 때, 평소에는 잘만 생각나던 것들이 떠오르지 않을 때 예전에 읽었던 책들을 꺼내 여백에 메모된 것을 읽다 보면 좋은 해답을 얻는 경우가 굉장히 많다는 거야.

'저자와 독자가 함께 만드는 새로운 책의 탄생'이네요?

그렇지. 저자의 책이면서 동시에 독자의 책이 가장 가치 있는 책일 거야.

✎ 함께 해 봐요!

※ 독서를 할 때 여백활용 아이디어를 적어 보세요.

▸ 표지 뒤 여백 :

▸ 본문 위쪽 여백 :

▸ 본문 좌우 끝 여백 :

▸ 본문 아래쪽 여백 :

▸ 각 장 여백 :

샘, 책이 너무 많으니까 책 선택이 쉽지 않아요.

사람들은 저마다 다양한 독서 동기가 있단다. 읽고 싶은 분야의 책만 읽는 사람도 있고, 자신이 좋아하는 분야의 책을 읽다가 다른 분야의 책으로 옮겨 읽는 사람도 있지.

전 어릴 때 동화책을 매우 좋아했어요. 그러다 초등학교 4학년 때부터 판타지 소설을 많이 읽게 되었는데 지금은 철학, 심리학, 신화에 관심이 생겼어요.

책은 엄청나게 많지만 현실적으로 읽을 수 있는 시간은 그리 많지 않아. 세상 모든 책을 다 읽을 순 없으니 최대한 '좋은' 책을 골라야 해. 하지만 좋은 책을 선택하는 것이 그리 쉬운 일은 아니지. 왜냐하면 좋은 책이란 기준이 저마다 다르니까.

그럼 어떻게 책을 선정하나요?

그래서 자신을 잘 아는 것이 독서에서 중요해. 내가 뭘 하고 싶은지, 뭘 좋아하는지, 어떤 꿈이 있는지, 어떤 사람이 되고 싶은지, 어떨 때 가장 행복한지 항상 스스로에게 질문하고 답을 찾아야 해. 그 질문의 답이 자신에게 맞는 독서 분야를 찾기 위한 열쇠가 될 수 있단다.

저같이 책을 많이 읽지 않는 친구들은 어떻게 독서를 시작하면 좋을까요?

 처음에는 '다양한 책'을 읽어 보겠다는 생각이 좋아. 자기 수준에 맞게 재미있고 쉬운 책들을 골라 폭넓게 읽으면 돼. 독서를 시작하는 게 영 부담되면 어린이 세계전집이나 위인전을 선택하는 것도 좋은 방법이야. 의외로 재미있고 쉬워서 하루 1~2권은 뚝딱 읽을 수 있거든.

책읽기가 좀 익숙해지면 소설이나 동화에서부터, 역사, 인물, 경제, 만화, 자기계발, 공모전 수상집, 에세이, 여행기, 수기, 감상문, 교과서 수록 글 등 모든 분야를 골고루 읽으면. '삼국지' 같은 무협소설은 물론 추리소설, 판타지소설도 읽어 보고, 시리즈로 된 위인전을 비롯해 빌게이츠나 스티브 잡스 같은 우리 시대 유명인에 대한 책을 읽어도 좋단다.

> 관심 분야를 찾기 위해 도서목록을 정할 때 주의할 점
> 1. 여러 개의 추천 도서 목록에서 중복되는 책을 정한다.
> 2. 기존에 읽었던 비슷한 유형의 책은 삼간다.
> 3. 최근 읽었던 도서 분야와 최대한 다른 분야의 책을 선택한다.
> 4. 잘 모르는 책은 다시 한 번 검색하여 내용을 확인한 후 정한다.
> 5. 좋은 책을 많이 내는 출판사, 작가의 책을 우선 선택한다.
> 6. 많은 생각거리를 던져 줄 수 있는 책을 선택한다.
> 7. 인간의 존엄성과 가치를 느낄 수 있는 책을 정한다.

 여러 가지 책을 읽다 보면 저의 관심 분야를 알게 되잖아요.

 그렇지. 관심 있는 분야를 찾았다면 그 분야의 책을 집중적으로 읽는 것이 좋아. 때론 한 저자의 책을 모두 읽어 보는 것도 강추! 한 사람의 지식, 기술, 노하우, 사상이나 작품들을 깊이 있게 탐험할 수 있지. 예를 들어 아인슈타인이 쓴 책이나 어록, 아인슈타인에 대한 책을 모두 찾아 읽게 되면 아인슈타인이라는 사람의 온 삶과 지혜를 가장 완벽하게 배우게 되지. 아인슈타인 전문가,

아니 거의 제자가 되는 셈이야.

다양한 독서를 통해 제가 관심 있는 분야가 무엇인지 찾아 볼게요.

'다양한 책 → 관심 분야 책 → 한 분야나 한 작가의 책'으로 이어지는 독서전략을 기억해 두렴. 책을 많이 읽다 보면 책이 독서의 길을 안내해 줄 거야.

함께 해 봐요!

※ 다양한 도서 분야 중 평소 관심이 있었던 분야를 찾아 꼭 읽고 싶은 책 10권을 적어 보세요.

1.

2.

3.

4.

5.

6.

7.

8.

9.

10.

저자 관점으로 인성, 리더십 키우기

샘, 독서를 많이 하면 인성도 키울 수 있다고 하던데요?

좀 더 정확하게 말하자면 창독이 '인성'을 키우는 데 매우 도움이 된단다.

창독과 인성의 관계를 좀 더 자세히 설명해 주실 수 있나요?

그 이야기를 하기 전에 재미있는 연구결과를 하나 들려줄게. 미국 조지 베일 런트 교수는 하버드대 출신 724명의 삶을 75년간 추적하면서 '인간의 행복'에 대해 연구했어. 그 연구결과를 보면 인간은 좋은 인간관계에서 행복함을 느 낀대. 인생에서 가장 중요한 것이 바로 '인간관계'라는 거지. 다른 사람과 좋 은 사이를 만들어 가는 게 바로 인성이야. 그런데 좋은 관계를 만드는 것은 다 양한 지식과 정보만으로는 부족해. 마음은 그렇게 눈에 쉽게 보이는 게 아니 기 때문이야.

정말 자주 놀던 친구여도 그 마음을 잘 이해하지 못할 때는 점점 사이가 나빠 지는 것 같아요.

보이지 않는 걸 알아채는 능력이 인성을 결정하는 거야.

샘, 모르는 것을 아는 순간 자신도 모르게 마음이 착해지는 사례를 책에서 읽은 적이 있어요. 스티븐이라는 분은 지하철에서 아주 시끄럽게 떠들고 소란을 피우는 아이를 봤어요. 그 아이 아빠는 고개를 숙인 채 아이에게 전혀 관심이 없었어요. 스티븐은 정말 뻔뻔하고 한심한 사람이라고 생각하고 있었는데 마침 옆 승객이 아이 아빠에게 "댁의 아이가 너무 소란스럽네요. 조용히 시켜주셔야 하지 않을까요?"라고 말을 했대요. 아이의 아버지는 그제야 정신을 차린 듯 이렇게 대답했다고 해요. "죄송합니다. 저도 뭔가 해야 한다고 생각했지만, 사실 지금 막 병원에서 오는 길입니다. 한 시간 전에 저 아이의 엄마가 죽었습니다. 이 일을 어떻게 해야 할지 막막한 것 같습니다."

스티븐 코비가 〈성공하는 사람들의 7가지 습관〉에서 소개한 이야기구나. 사실 우리가 원래 착한 마음을 가지고 있는 것도 중요하지만 다른 사람의 상황을 알아내는 능력도 매우 중요하다고 생각해. 전체를 아는 것과 모르는 것은 우리의 마음을 결정하는 데 아주 큰 영향을 끼치기 때문이야. 그러니까 인성을 키운다는 의미는 전체와 과정을 아는 것과 매우 관련이 있다는 말이지.

얼마 전 친구 녀석은 자기 짝이 인상 쓴다고 말다툼하다가 크게 싸울 뻔했어요. 그런데 나중에 알고 보니 친구 짝이 숙제노트를 안 가져와서 쩔쩔매고 있었던 거였어요.

숙제노트를 안 가져와서 쩔쩔 맨 걸 자기한테 인상 쓴다고 오해한 거구나.

그런 셈이지.

우리는 눈에 보이는 것보다 눈에 보이지 않는 것이 더 많다는 걸 기억해야 해. 세상의 모든 것이 그냥 보이는 게 전부가 아니라는 것을 알면 이해심과 배려심도 키울 수 있지. 인성은 보이지 않는 것을 보려는 마음에서 싹트는 거란다. 창독 역시 보이지 않는 책의 다양한 요소를 보려는 마음인 거고.

창독도 눈에 보이는 책이 아니라 눈에 보이지 않는 전체의 책을 보는 거라고 하셨으니까, 책을 싫어하지 않고 착하게 대해야 할 것 같아요.

창독은 부모님의 마음으로 아기를 보는 것과 같아. 아기의 전체, 즉 책의 전체를 보는 마음이지. 부모님의 관점, 저자의 관점을 가진 사람들은 다음과 같은 공통점이 있단다.

- 보이지 않는 것을 보려 하고 이해하려 한다.
- 보이는 것만 가지고 함부로 단정하지 않고 늘 열린 마음을 가지고 있다.
- 끊임없이 교감한다.
- 서로 다른 것, 내가 몰랐던 것, 나와 다른 것이 만나 새로운 것이 창조된다는 사실을 안다.
- 어떤 이유든 자신과 다르거나 약하다고 '왕따'시키거나 차별하지 않는다.
- 길 옆 잡초 한 뿌리 돌멩이 하나까지, 사소하고 작은 것들이 모두 소중하다는 걸 안다.
- 변화하는 환경에 예민하게 반응한다.
- 배려하고 사랑할 줄 안다.
- 연대, 공유, 팀의 정신을 가지고 있다.
- 전체를 보고 서로 다른 사람들과 연결하여 목표를 달성하는 리더십이 있다.

창독은 '전체를 읽어 내는 과정'이네요.

상대의 전체를 읽어 내는 마음이 바로 '인성'이고 좋은 리더가 되는 방법이고요.

결국 인성, 리더십을 키우는 비법이 창독 속에 모두 들어 있는 셈이지.

✏️ 함께 해 봐요!

※ 창독을 하면 왜 인성, 리더십이 커지는지 생각해 보고 이유를 적어 보세요.

▸ 인성 :

▸ 리더십 :

어휘력과 비례하는 생각의 크기

08

원시 시대라면 '컴퓨터'나 '원자', '인공위성' 같은 단어는 없었을 거야. 그렇다면 원시인들은 컴퓨터나 원자, 인공위성에 대해 생각하거나 이해할 수 있었을까?

당연히 없었겠죠?

예를 들어 '창조성'이란 단어의 개념에 대해서 너희들은 아직 잘 모를 거야. 그렇지?

네. 잘 몰라요.

당연히 단어의 뜻을 잘 모르니 창조성에 대해 특별한 생각을 할 수 없을 거야.

네. 맞아요.

너희들 말대로 단어를 아예 모르거나 그 단어의 뜻을 알지 못하면 아예 생각을 할 수 없는 거지. 그럼 지금부터 이 창조성이란 단어에 대해 좀 더 자세히 소개해 볼게.

창조성이란?

기존에 없던 새로운 것이 창조되는 공통된 '창조 과정'을 요약 정리한 성질. 창조 프로세스는

생각주머니(무대) ▶ 서로 다른 둘의 두근두근 만남 ▶ 새싹 ▶ 쑥쑥 ▶ 탄생

로 구성되어 있다. 이 창조성을 거쳐 아기도 태어나고 연인이나 부부가 탄생한다.
창조성에 의해 민주주의가 탄생했고 시장에서 물건도 살 수 있게 됐다. 이 성질로 학교가
세워졌고 신문과 방송이 탄생되었다. 이 절차에 따라 곡식이 나오며 요리가 만들어진다.
이 과정으로 분노가 나오며 행복이 만들어진다.

뭔가 새로운 것이 만들어졌다면 이 창조성이 적용됐다는 거네요?

그렇다고 볼 수 있지. 자, 그럼 이제 창조성이란 뜻을 좀 더 잘 알게 되었어. 이
제 어떤 생각을 할 수 있는지 다시 한 번 '생각'을 해 보렴.

결국 책도 창조성에 따라 세상에 나온 거군요.

그럼 하늘에서 번개가 치는 원리도 좀 더 쉽게 이해할 수 있는 거 아니에요?

정말 그러네요. 과학시간에 번개가 치는 원리에 대해 배운 적이 있어요. 날씨
가 나쁘면 하늘의 소나기구름과 땅 사이에 에너지주머니가 만들어지는데 양
전하와 음전하가 부딪쳐 전기가 생기고 이것이 공기를 뚫고 지그재그로 빛줄
기를 만들어 번개가 생기거든요.

어때? 창조성이란 단어의 개념을 모를 때와 알 때 우리의 사고력은 분명 달라
졌지? 창조성이란 단어를 잘 이해하면 아인슈타인의 '상대성이론'이나 '양자
역학' 같은 것도 훨씬 잘 생각할 수 있단다. 왜냐하면 그것들은 모두 창조성이
발현되는 과정을 탐구하는 연구들이기 때문이야.

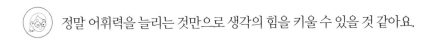

정말 어휘력을 늘리는 것만으로 생각의 힘을 키울 수 있을 것 같아요.

독서를 하면 어휘력이 늘고 많은 어휘를 가질수록 더 풍부한 생각을 할 수 있는 거야.

책을 읽을 때 모르는 단어가 나오면 그냥 지나쳤는데 앞으로는 꼭 찾아봐야겠어요.

좋은 생각이야. 새로운 단어가 나오면 뜻을 찾아보고 책의 여백에 적어 두거나 독서노트에 꼼꼼히 정리해 두고 꼭 자기 걸로 만들기 바란다.

✏️ 함께 해 봐요!

※ 최근 읽었던 책에서 새로 알게 된 단어를 찾아 적고 그 뜻을 정리해 보세요.

1. 양자역학 :

2. 제4차 산업혁명 :

3. 창독 :

4. 주마간산 :

5.

6.

7.

8.

9.

10.

내 운명을 바꿀 결정적인 책 만나기

책은 한 사람의 운명을 변화시킨다고 하잖아요. 샘은 그런 책이 있나요?

물론이지. 특히 청소년 시절에 읽었던 몇 권의 책은 평생 영향을 미친단다.

샘의 운명적인 책이 궁금해요.

후훗, 그럼 샘이 청소년 시절 운명처럼 만났던 책 5권만 소개해 줄게. 첫 번째 책은 헤르만 헤세의 소설 〈지와 사랑〉(골드문트와 나르찌스로 번역되기도 함.)이야. 이 소설을 읽고 인간에 대한 궁금증이 생겼고, 인간에 대해 연구하고 싶다는 생각을 하게 됐지.

---

1. 〈지와 사랑〉(골드문트와 나르찌스)
이지적이고 뛰어난 젊은 학자이자 선생님인 나르찌스와 감성적이고 예술적인 감각을 지닌 감성소년 골드문트의 운명적인 만남과 우정을 그린 소설. 논리와 감성의 인간성을 대표하는 이 두 주인공을 통해 인간의 근원을 소개한다.

샘도 청소년 시절 소설책을 좋아하셨군요.

맞아. 우리 시절에는 문학이 독서의 기본이었지. 두 번째 책 역시 헤르만 헤세의 소설이야. 〈데미안〉이지. 당시 이 책은 필독서였어. 청소년이 되면 무엇이 옳고 그른지, 어떻게 사는 것이 바른 것인지 고민이 많아지잖아. 또 어른이 된다는 막연한 두려움이 있었고. 그때 작은 희망을 던져 준 책이야.

> 2. 〈데미안〉
> 진정한 자신을 찾아 탐구하고 성장해 나가는 청소년, 청년의 치열한 내면 성장소설.
> 선함과 악함을 사이에 두고 진정한 삶에 대해 고민하고 답을 찾아가는 데미안과 싱클레어.
> 그들의 운명적 만남을 그린 이야기다. 인상적인 문구는 '새는 알을 깨고 나온다.
> 알은 세계다. 태어나려는 자는 세계를 파괴해야 한다. 새는 신에게로 날아간다.
> 그 신의 이름은 아브락사스다.' 이다.

샘은 '저자'에 관심이 많았군요?

맞아. 소설을 많이 읽으면서 좋아하는 작가가 생겼고 좋아하는 작가들의 책들을 읽고 연구하기 시작하면서 글쓰기에도 관심을 가지게 됐지. 결국 청소년 시절 헤르만 헤세를 만나 인간, 생각, 창의성을 연구하는 삶을 살게 된 거지.

세 번째 책도 소개해 주세요.

세 번째 책은 너희들도 잘 아는 미하엘 엔데의 〈모모〉라는 소설이야. 모모 이야기는 초등학교 때 어린이 방송 프로그램에서 처음 만났어. 매일 아침 방송한 연극시리즈였는데 너무 재미있어서 다 보고 나서야 헐레벌떡 학교로 뛰어갔던 기억이 생생해. 책으로는 나중에 고등학생이 돼서야 읽었어. 우리 인간은 시간을 지배하거나 지배당하거나 둘 중 한 부류거든. 그런데 시간은 우리 눈에 보이지 않아. 당연히 우리 자신은 눈에 보이지 않는 시간에 지배당할 가능성이 높지. 이 소설은 청소년 시절 '시간'에 대해 많은 생각을 던져 주었단다.

3. 〈모모〉

떠돌이 소녀 모모가 주인공. 시간도둑인 회색신사가 빼앗아간 시간 되찾기 프로젝트! 시간을 뺏긴 사람들은 1분1초도 그냥 보내지 않고 계획하고 바쁘게 활용한다. 남들은 그걸 부러워한다. 하지만 그들이 잃은 것은 꿈과 행복. '시간'이라는 것을 여러 각도에서 생각하게 만든 책.

샘, 저도 이 책 읽었어요. 친구들과 마을 사람들의 이야기를 잘 들어주던 모모가 많이 생각이 나요.

네 번째 소개할 책은 역사책이야.

어떤 책이에요?

유시민 작가의 〈거꾸로 읽는 세계사〉. 이 책은 나 자신이나 국가의 관점에서 벗어나 세계로 시야를 넓히게 도와준 역사책이지. 또, 하나의 사건이라도 강자의 관점, 약자의 관점, 가해자의 관점, 피해자의 관점 등에 따라 전혀 다르게 해석될 수 있다는 걸 깨닫게 해 준 책이기도 하고.

4. 〈거꾸로 읽는 세계사〉

드레퓌스 사건, 피의 일요일, 러시아 10월 혁명, 미완의 혁명 4.19 등 기존의 역사적 사건과 인물을 다른 관점에서 해석하고 평가하고 있는 책. '우리가 진실이라고 믿고 있는 것이 과연 진실인가? 진실에도 다른 관점이 있는 건 아닐까?' 그런 질문을 시작하게 만든 역사 해설서.

다섯 번째 책은 뭐예요?

마지막 운명적인 만남은 헤밍웨이의 소설 〈노인과 바다〉야. 노벨문학상 수상

작이기도 한 이 책은 '인생이란 무엇인가?'를 늘 생각하게 해 주었어. 인간은 태어나고 도전하고 성장하고 죽지. 그 과정에서 나뿐만 아니라 세상, 환경과 끊임없이 조율하고 반응하면서 살아가야 한다는 사실을 알게 됐단다.

---

5. 〈노인과 바다〉

어느새 작은 물고기 하나 낚지 못하는 쓸모없어진 늙은 어부. 바다에 나가 거대한 청새치를 만난다. 몇 날 밤낮 사투를 벌여 끝내 물고기를 잡지만 돌아오는 길에 상어 떼를 만난다. 항구에 돌아오자 청새치는 앙상한 뼈만 남아 있었다. 절망에 빠졌지만 노인은 다음날 다시 바다로 향한다. "그래도 사람은 패배하기 위해 창조된 게 아니다." 노인은 말했다. "인간은 파괴될 순 있지만 패배하지는 않는다." 바다, 성공과 실패, 삶 그리고 다시 도전! 한 평범한 어부의 일상은 우리에게 '인생이란 무엇인가?'라고 말없이 묻는다.

옛날에 읽었던 이 책들이 여전히 샘에게 중요한가요?

그럼, 세월이 많이 흘렀지만 이 책들과 저자들은 여전히 나에게 질문을 던지고 있단다. '인간이란 무엇인가?', '선함이란 무엇인가?', '시간이란 무엇인가?', '진실이란 무엇인가?', '인생이란 무엇인가?' 그리고 나는 여전히 그 답을 찾는 중이지.

✏️ 함께 해 봐요!

※ 지금까지 읽었던 책 중 '가장 좋아하는 최고의 책' 3권을 선정하여 그 이유를 적어 보세요.

1.

2.

3.

5장

창독에서 진로설계까지!
창의적 독서 6행

· · ·

독서를 하는 이유는 우리가 더 나아지고 더 창의적인 사람이 되기 위해서야. 그렇지?

네, 그렇죠.

하지만 독서를 아무리 해도 달라지는 것이 하나도 없다면?

독서한 보람이 없겠죠?

사실 독서를 많이 해도 독서한 보람이 없는 사람들이 많아. 그럼 왜 독서를 많이 해도 달라지지 않을까?

그건 책을 많이 읽어도 기억하는 게 없거나 뭔가를 알게 됐다 해도 실천하지 않기 때문이겠죠.

그래. 우리가 독서를 해도 변하지 않는 건 배운 것과 실천하는 건 다른 문제이기 때문이야. 그래서 많은 사람들은 '독서노트'를 작성한단다. 책을 읽고 실천할 수 있도록 하자는 거지. 독서노트는 다양한 형식이 있어. 가장 간단한 건 그냥 자신이 읽은 책 목록을 죽 적는 정도야. 여기에서 한 발 더 나아간 형태가 책의 정보, 책 내용, 느낀 점 같은 것들을 정리하는 거지.

독서노트를 쓰면 무엇이 가장 좋아요?

우리 함께 찾아볼까? 우선 책을 좀 더 집중해서 읽을 수 있겠지. 독서할 때도 나중에 정리를 해야 한다는 생각을 가지면 훨씬 더 많이 더 깊게 생각하게 될 거야.

기록하면서 한 번 더 책 정보를 정리하는 효과도 있겠죠?

다른 장점은 뭐가 있을까?

독서노트라서 자주 꺼내 볼 수도 있을 것 같아요.

그것도 독서노트의 매력 중 하나겠지. 독서노트를 자주 꺼내 보면 우리가 처한 상황이나 고민거리에 따라 이전에 생각하지 못했던 좋은 아이디어를 많이 얻을 수 있어.

독서노트가 아이디어노트가 될 수도 있겠네요.

샘, 혹시 특별한 창독노트 정리법도 있을까요?

당연히 있지. 창독노트는 책의 창조 과정을 기록하면 돼. 저자관점에서 책을 쓰는 과정의 핵심 요소를 뽑아 순서대로 정리하는 게 기본원칙이야. 물론 몇 개의 추가항목을 넣어 직접 만들어도 좋고.

창독을 하는 순서대로 노트를 정리하면 되는 거군요.

그렇지. 그럼 창독 순서를 떠올려 노트정리 항목을 적어 볼까?

1. 책의 기본 정보(제목, 저자, 출판사, 독서기간)

2. 책의 카테고리(분야)

3. 저자 프로필(직업, 전문 분야, 관심분야, 연구내용, 주요활동, 기존 저서 등)

4. 저자가 이 책을 쓴 의도(시대상황, 독자, 필요, 경험, 깨달음, 연구, 차별적 요소 등)

5. 저자가 책을 통해 전달하고자 하는 핵심 메시지(주장, 주제)

6. 목차

7. 내용 요약이나 줄거리, 주요 사건, 기억해 두어야 할 지식이나 정보

8. 저자가 주로 사용한 글의 문체

9. 기억하고 싶은 문장이나 문구 5개 내외와 자신의 생각

10. 느낀 점, 깨달은 점, 궁금한 점, 저자에게 더 물어보고 싶은 점

11. 내 문제나 생활에 적용하고 싶은 점, 아이디어, 실천목록

12. 진로, 직업, 꿈에 도움이 될 만한 내용

 항목들이 생각보다 많네요?

 일단 책의 탄생과 관련된 주요 항목을 모두 정리한 거야. 그러니 필요에 따라 항목을 줄이거나 더 늘릴 수도 있지. 하지만 저자가 책을 쓰는 6가지 핵심 요소와 과정을 정리하는 원칙은 반드시 지켜야 돼.

 알겠어요. 그럼 전 처음에는 1번에서 7번까지랑 11번만 골라서 독서노트를 만들어 볼게요.

 창독을 한 후 창독노트까지 작성하고 또 창독노트에 다양한 느낌과 아이디어를 추가하고 자주 읽는 습관을 가진다면 우리 독서수준과 사고력은 금세 높아질 거야.

✎ 함께 해 봐요!

※ 다음 항목을 참고하여 자신만의 독서노트를 만들어 보세요.

> 1. 책의 기본 정보(제목, 저자, 출판사, 독서기간)
> 2. 책의 카테고리(분야)
> 3. 저자 프로필(직업, 전문 분야, 관심 분야, 연구내용, 주요활동, 기존 저서 등)
> 4. 저자가 이 책을 쓴 의도(시대상황, 독자, 필요, 경험, 깨달음, 연구, 차별적 요소 등)
> 5. 저자가 책을 통해 전달하고자 하는 핵심 메시지(주장, 주제)
> 6. 목차
> 7. 내용 요약이나 줄거리, 주요 사건, 기억해 두어야 할 지식이나 정보
> 8. 저자가 주로 사용한 글의 문체
> 9. 기억하고 싶은 문장이나 문구 5개 내외와 자신의 생각
> 10. 느낀 점, 깨달은 점, 궁금한 점, 저자에게 더 물어보고 싶은 점
> 11. 내 문제나 생활에 적용하고 싶은 점, 아이디어, 실천목록
> 12. 진로, 직업, 꿈에 도움이 될 만한 내용

▸ 나만의 창독노트 항목 메모 :

1.

2.

3.

4.

5.

6.

7.

8.

9.

심리학에 메타인지 meta recognition 라는 용어가 있는데, 혹시 들어 본 적 있니?

 아니요.

'메타인지'란 쉽게 말해 자신이 아는 것과 모르는 것을 구분해 내는 힘이야. 진짜 알고 있는 것과 아는 듯하지만 사실은 모르는 지식을 스스로 구분할 아는 게 바로 메타인지 능력인 셈이지.

메타인지도 사고력의 하나네요. 메타인지 능력도 키우는 방법이 있나요?

당연하지. 메타인지 능력을 키우는 가장 좋은 방법은 '다른 사람을 말로 가르쳐 보는 것'이란다. 남을 쉽게 이해시킬 수 있어야 자신이 분명히 아는 것이기 때문이야. 실제로 메타인지 실험결과를 보면, 공부 최상위권 학생들은 끊임없이 남에게 설명해 주는 습관이 있다고 나와. 최상위권 학생과 그렇지 않는 학생들의 차이가 메타인지 능력에서 생긴다는 거지.

친구에게 공식 같은 걸 알려 주고 싶어도 설명하기 어려울 때가 많아요.

그랬구나. 그건 전체를 알지 못해서 생기는 일이야. 정보의 핵심을 파악하는 이해력, 정보나 지식을 분류하고 모으는 구성 능력, 아는 것을 다른 사람들에게 전달하는 표현 능력이 인지 능력이야. 지식이란 그냥 안다는 느낌뿐만 아니라 직접 다른 사람에게 설명할 수 있는 상태를 말해. 간단하게 말하면 결국 글로 쓸 수 있거나 말로 설명할 수 있거나 실제 생활에 적용할 수 있을 때 정말 내 지식이란 의미지.

전체를 알아야 다른 사람에게 설명할 수 있다는 면에서는 메타인지 능력도 창독과 비슷하네요.

루미 말이 맞아. 창독 역시 책읽기를 통해 창조의 전체 과정을 이해하는 거잖아. 즉 창조 과정은 입력하고 연산하고 처리하고 출력하는 절차를 통해 이루어지지. 창독은 바로 그 전체 과정을 파악하는 연습이야. 이때 마지막 출력 단계가 바로 글로 쓰거나 말로 다른 사람에게 설명해 주는 일이지.

창독노트를 정리하고 발표하고 다른 사람에게 설명하면 자연스럽게 메타인지 능력을 키울 수 있다는 말이군요.

빙고! 그래서 창독엔 우리가 읽은 책을 부모님이나 선생님, 형제자매, 친구들에게 발표하는 과정이 있는 거야.

저는 선생님이나 친구들 앞에서 발표할 때 좀 떨리는데~.

그렇지? 다른 사람에게 발표를 하는 것은 누구에게나 쉬운 일은 아니야. 어른들도 남들 앞에서 발표하는 걸 대부분 두려워하니까. 실제로 어른들에게 가장 힘들고 스트레스를 받는 일을 꼽으라는 설문조사에 '사람들 앞에서 발표하기'가 가장 많았다고 해. 하지만 발표가 정답이 있는 것도 아니고 잘못했을 때 큰 사고가 벌어지는 실험도 아니니까 자신 있게 도전하면 돼.

독서노트를 보고 발표해도 상관없는 거죠?

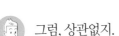 그럼, 상관없지.

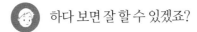 하다 보면 잘 할 수 있겠죠?

물론이지. 책을 읽고 발표하고 다른 사람에게 읽은 책을 소개하는 기회가 많아질수록 점점 더 발표가 편안해지고 익숙해진단다. 창독 → 노트정리 → 발표를 반복하다 보면 독서하는 순간 머릿속에 정리가 자동으로 이루어지는 때가 온단다. 그러면 노트를 보지 않고도 발표를 잘할 수 있게 되지.

발표도 역시 저자관점으로 하는 거죠?

그렇지. 저자관점으로 읽으며 적은 독서노트를 참고하는 거니까. 스스로 정한 항목 순서대로 발표하되 책의 분야나 특징에 따라 자유롭게 변화를 주면 돼.

---

1. 오늘 읽은 책의 제목을 소개한다.
2. 책날개에 소개된 저자에 대해 설명한다.
3. 책의 목차를 살펴보고 줄거리나 내용을 소개한다.
4. 내용 중 특별히 새롭게 알게 된 정보나 지식, 인상 깊었던 장면을 소개한다.
5. 책을 읽고 나서 느끼는 감정이나 생각을 소개한다.
6. 책 내용에 대해 질문을 받아 설명해 준다.
7. 책 내용에 대한 주제에 대해 토론을 한다.

창독은 정말 까도 까도 계속 나오는 양파 같아요. 저자처럼 책을 쓰듯 읽기, 저자처럼 책을 쓰듯 독서노트 정리하기, 저자처럼 책을 쓰듯 발표하기. 매일 책을 읽고 난 후 이런 순서로 발표를 하면 독서 능력이 정말 엄청나게 커질 것 같아요.

루미 말이 맞아. 독서할 때 이미 어떻게 발표할 건지 정리하면서 읽게 되니 독서 능력이 당연히 커지지.

창독한 걸 발표하는 거니까 꼭 내가 책을 쓴 저자인 것 같은 기분이겠어요.

실제로 창독을 많이 하면 창조적 사고 체계를 이해하게 되어 이해력, 창의력, 예측력, 구성력, 발표력, 메타인지력, 공감력, 논리력, 표현력을 키울 수 있어. 생각을 머리에 잘 정리해야 발표를 잘 할 수 있으니까. 당연히 자존감도 높아지고 자신감도 커지겠지?

발표를 할 때 내 설명을 잘 들어주면 더 좋을 것 같아요.

그렇지. 들어주는 사람의 호응이 높으면 설명도 더 자세하게 해 주고 싶고 그러면 서로가 신나는 발표시간이 되겠지. 중요한 문제에 대해서는 토론도 하면서 생각의 폭을 넓히거나 교감할 수 있지. 책을 읽으면서 어떤 걸 느꼈는지 물어보기도 하고, 특히 궁금한 걸 찾아 바로바로 질문하고.

선생님이 된 기분이기도 하겠어요.

그러네. 저자 같은 선생님이랄까? 이 순간에는 책을 발표하는 사람이 선생님이고 질문하는 사람은 학생인거야. 다른 사람들이 몰랐던 정보나 도움이 되는 지식을 알려 줄 수 있다면 누구나 그 순간엔 선생님이 되는 거지.
선생님이 돼 보는 것은 아주 새로운 즐거움을 깨닫게 해 준단다. 바로 '지식 나눔의 기쁨'이야. 책을 통해 얻은 지식이나 정보는 우리 뇌 도서관에 들어와 있잖아. 그런데 그걸 꺼내 다른 사람들에게 나눠 주면 어떤 일이 벌어질까? 희한하게도 아무리 내 지식을 남에게 나누어 주어도 결코 우리 뇌 도서관은 비지 않는다는 사실. 오히려 나눌수록 더 차곡차곡 정리정돈이 되고 풍성해지는 거야. 우리 뇌가 풍요롭게 된다는 건 기분이 무척 좋아지고 행복해지고 자신이 매우 좋아지는 것과 같아.

어느새 나도 모르게 저자의 관점, 선생님의 관점으로 생각을 하게 돼요.

 그게 바로 창독의 사고력이잖아!

 함께 해 봐요!

※ 독서를 한 후 부모님, 선생님, 친구나 형제들에게 발표할 수 있는 방법을 찾아보고 발표 항목과 순서를 메모해 보세요.

1. 오늘 읽은 책의 제목을 소개한다.
2. 책날개에 소개된 저자에 대해 설명한다.
3. 책의 목차를 살펴보고 줄거리나 내용을 소개한다.
4. 내용 중 특별히 새롭게 알게 된 정보나 지식, 인상 깊었던 장면을 소개한다.
5. 책을 읽고 나서 느끼는 감정이나 생각을 소개한다.
6. 책 내용에 대해 질문을 받아 설명해 준다.
7. 책 내용에 대한 주제에 대해 토론을 한다.

▶ 나만의 발표 항목과 순서 메모 :

1.

2.

3.

4.

5.

6.

7.

창독 실행 3 / 진로에 독서를 연결하여 읽어라!

03

창독을 하다 보면 도움이 되는 게 또 하나 있단다.

그게 뭐예요?

'책 속에 길이 있다'는 말을 들어 본 적 있지? 책 속에 우리의 꿈을 이루는 길이 정말 있단다. 바로 저자를 탐색하고 연구하다 보면 자연스럽게 자신의 관심 분야를 알게 되어 빨리 진로를 정할 수 있기 때문이야.

샘도 책을 통해 진로를 정했다고 했죠?

그렇다고 할 수 있지. 난 흔히 말하는 문학소년이었어. 책을 좋아하다 보니 자연스럽게 대학에 영어영문학과를 지원하게 되었지. 소설 외에도 다양한 독서를 하면서 대학생활 내내 수필, 단편소설을 쓰고 여러 문학 공모전에 도전했지. 이런 글쓰기 경험으로 대학 4학년 때부터 잡지사 인턴기자 활동도 시작했어. 단편소설 당선, 에세이 공모전 수상, 작가와 떠나는 여행 참여, 다양한 대외활동 경력은 졸업 후 신문기자가 되는 데 결정적인 도움이 됐단다. 20년이 넘는 기자생활을 하며 지금도 글을 쓰고 책을 쓰는 일을 하고 있지. 돌아보면 독서가 내 운명을 결정한 셈이야. 이렇게 지금 읽고 있는 한 권의 책이 미래의 꿈과 연결돼 있다는 걸 명심하렴.

학교 진로탐색 수업에서 자기탐색표를 작성할 때 막막했던 기억이 떠올라요. 솔직히 제가 뭘 좋아하는지, 뭘 잘하는지 저도 잘 모르겠더라고요.

인·적성검사를 할 때도 내가 내 마음을 잘 모르겠다는 생각도 들었어요.

진로탐색을 위해서 독서는 꼭 필요해. 창독을 하면서 재미있게 느끼는 책이 어느 분야에 속해 있는지 분류표를 살펴보면 자신의 관심 분야나 재능을 좀 더 쉽게 알아차릴 수 있지.

진로를 탐색할 수 있는 독서 분야는 어떤 게 있나요?

대학 전공을 중심으로 몇 가지 중요한 독서 분야를 알아볼까? 먼저 인문학 분야의 책을 꾸준히 읽으면 글이나 사람과 관련된 진로로 이어질 수 있지. 인문학은 사회 어느 분야에서나 튼튼한 받침대 역할을 한단다. 생각과 철학을 만들고, 이야기를 생산해 인간을 소통시키니까. 문학, 역사, 철학, 심리학, 인류학, 종교학 등과 관련된 책을 꾸준히 읽다 보면 구성작가, 카피라이터, 언론사 기자, 논술토론 교사, 작가 또는 출판인, 심리상담사, 역사학자 등이 될 수 있어.

전 역시 인문학 분야에 관심이 많이 가는데요? 그래도 다른 분야에 대해서도 알고 싶어요.

사회학 분야의 책도 있지. 사람과 사람을 연결시키고, 의사소통을 돕는 분야야. 언론홍보, 광고, 신문방송과 같은 미디어에서 일하거나 조직관리, 나라를 위해 정책과 계획을 세우는 정치업무, 외교업무를 진행하게 돼. 해외에 우리나라를 홍보하는 관광업무, 호텔경영 등으로 진로를 정할 수 있단다.

우리 삼촌이 대학에서 신문방송학과를 나와 라디오 방송국에서 일해요. 삼촌은 처음 본 사람과도 몇 분이면 금방 친해지는 재주가 있어요. 재주와 직업이 잘 맞으면 좋겠어요. 전 친구들에게 인기가 좋으니까 나중에 큰 회사를 만들고 싶어요. 그럼 어떤 분야의 책을 읽으면 좋을까요?

회사를 차려 사장님이 되는 게 꿈이라면 경제경영 분야 독서를 꾸준히 하면 좋아. 경제경영이나 무역 분야의 독서는 기업경영 현장에서 영업자, 경영자, 경영컨설턴트, 벤처창업 등의 진로로 나아갈 수 있단다.

샘, 전 취미로 캘리그라피나 캐릭터 그리기도 많이 하는데요. 예술 쪽으로 관심이 있어요.

루미는 인문학 분야와 함께 디자인예술 분야(디자인, 예술, 만화, 패션, 인테리어 등)의 독서를 병행할 수 있지. 미술이나 디자인 분야는 매우 진로가 다양하단다. 간단한 캐릭터디자인에서 제품디자인, 로고디자인, 인테리어, 건축디자인, 패션, 관광소품 디자인, 공예 등이 있으니 특히 관심이 가는 쪽의 책을 찾아 읽어 보렴.

그 외에는 어떤 분야가 있나요?

의사나 간호사, 한의사, 약사, 물리치료사 등의 의학 분야나 물리, 화학, 생물, 지구과학, 수학 등 자연과학 분야는 잘 알지? 집을 짓거나 도로를 만드는 건축토목 분야도 있고 일상생활과 산업에 활용하는 기술을 개발하는 공학 분야 도서들도 많지. 이외에 IT 분야도 있어. 컴퓨터 통신기술 전문가, 게임 프로그램 개발자 등이 될 수 있는 이런 분야는 애니메이션, 멀티미디어, 컴퓨터 프로그램, 게임 등의 진로로 나갈 수 있지. 물론 다양한 교육기관에서 학생들을 가르치는 교육 분야도 있어. 하지만 요즘에는 어떤 특정한 분야만 진로로 이어지는 게 아니라 다양한 분야가 서로 합쳐져서 전혀 새로운 분야가 탄생하기도 한단다.

'융합'을 말씀하시는 거죠?

그렇지. 인문학 분야와 건축이 합쳐지고 심리학과 IT기술이 접목되기도 하지. 디자인예술과 경영학이 만나고 사회학과 스포츠가 결합되기도 한단다. 특히 전문가들은 인공지능이 발전하면서 앞으로 직업이 생기거나 사라지는 등 많은 변화가 생길 거라고 전망하고 있지.

지금 있는 직업도 10년 뒤에는 사라질 수도 있겠네요?

직업이 사라지고 생기는 건 지금도 일어나고 있어. 과거에 잘나갔는데 현재 사라진 직업으로 부조종사, 항법사, 무선통신사, 항공기관사가 있지. 앞으로 사라질 수 있는 직업에는 콜센터 직원, 도서관 사서, 농업과 목축업 종사자, 자동차판매원, 호텔직원, 변호사, 일부 의사, 약사, 회계사, 세무사 등이 꼽혔어. 반대로 '인공지능 시대에도 살아남을 직업들 10순위(한국고용정보원)'에는 화가 및 조각가, 사진작가 및 사진사, 작가 및 관련 전문가, 지휘자, 작곡가 및 연주가, 애니메이터 및 만화가, 무용가 및 안무가, 가수 및 성악가, 메이크 업아티스트, 분장사, 공예원, 예능강사가 올랐고. 진로를 고민할 때는 독서를 통해 이런 시대의 변화를 잘 읽어야 하지.

샘이 생각하기에 미래에는 어떤 직업이 유망할 것 같나요?

각종 연구기관이 내놓은 '인공지능 시대에도 살아남을 직업들'을 살펴보면 공통점이 하나 있어. 그건 바로 인간만이 할 수 있는 창의적인 예술이나 사고력이 필요한 직업이라는 점이지. 진로를 선택할 때 창의성이 필요한 직업이나 일을 선택하는 것이 정말 중요하다고 생각해.

시대의 흐름을 잘 읽어야 우리의 진로를 정하는 데 도움이 될 것 같아요.

그러니까 독서가 중요하단다. 책은 늘 우리 세상이 어떻게 변하는지 보여 주고 미래를 예측하게 해 주니까. 책을 읽으면서 내가 뭘 잘하는지, 내가 뭘 좋아하는지, 내가 뭘 잘 할 수 있는지 나 자신과 관심 분야를 늘 생각해야 해. 관심 분야가 생기면 꼭 그 분야의 책을 적어도 10권쯤은 반드시 읽어 보는 것이 좋아. 그럼 그 분야의 전문가가 될 수 있단다. 잘 할 수 있지?

 네!

✏️ 함께 해 봐요!

※ 미래 내 인생의 진로와 연결되는 대학의 학문영역을 조사하여 정리해 보세요.

▸ 인문계열 :

▸ 사회계열 :

▸ 자연계열 :

▸ 의학계열 :

▸ 교육계열 :

▸ 예체능계열 :

▸ 경상계열 :

▸ 공학계열 :

창독 실행 4 / 창독하면서 책 속에서 찾아낸 직업을 연구하라

04

모든 책의 '이곳'에는 반드시 한 가지 이상의 직업이나 전문가 영역이 나온단다. '이곳'은 어디일까?

아, 생각났어요. 정답은 바로 저자 프로필이요.

그래 맞아. 모든 저자는 직업이 있거나 한 분야의 전문가인 경우가 대부분이지.

가끔 책 내용에서도 찾을 수 있어요. 위인전이라면 위인의 직업이 있고, 소설이라면 등장인물의 직업이 있으니까요.

책에 실린 인용문에 명사들의 직업이 적힌 것을 본 적이 있어요.

독서를 하면서 꿈이 생기기도 하고 때론 전문 분야에 관심이 생기는 경우 지금까지 없던 새로운 직업을 만들 수도 있지.

그러고 보니 독서는 정말 다양한 직업을 만날 수 있는 소중한 기회네요.

만약 독서를 하면서 '직업'이나 '진로'에 관심을 가지지 않으면 이 소중한 만남의 기회를 놓치게 되는 거란다.

솔직히 그동안 책을 읽을 때 '저자의 직업' 같은 것은 생각해 본 적도 없어요.

하하. '관심을 가지면 그제야 보인다'는 말이 있잖니? 이제부터라도 책 속에서 만날 수 있는 '직업'에 좀 더 관심을 가지고 탐색한다면 우리의 진로와 꿈을 더 잘 찾아낼 수 있을 거야. 그렇게 할 거지?

 네!

그럼 실제 책을 통해 직업조사를 한 번 해 볼까? 예를 들어 볼게. 〈풀빵 엄마〉(동아일보사)라는 장편동화가 있어. 이 책을 쓴 노경희 작가님의 프로필을 읽어 보고 직업탐색을 해 보자.

연세대학교 국어국문학과를 졸업하였습니다. 1993년 MBC 〈新인간시대〉로 방송에 입문, 〈북극의 눈물〉, 〈휴먼다큐 사랑 '너는 내 운명', '안녕, 아빠'〉 등 백 여 편의 다큐멘터리를 집필해왔습니다. 2003년 MBC연기대상 교양작가상, 2006년 한국방송대상 작가상, 2009년 MBC연기대상 올해의 작가상 등을 수상하였습니다. 다큐멘터리 작가이자 초등학교에 다니는 두 딸의 엄마로서 풀빵엄마를 만나 자신이 배운 '사랑'을 풀빵엄마의 두 아이들, 그리고 더 많은 사람과 함께 나누며 오래도록 기억하기 위해 이 책을 썼습니다.

 프로필에 소개된 작가의 직업은?

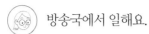 방송국에서 일해요.

다큐멘터리 작가예요.

그래. 이 책을 쓴 작가님은 '방송국 다큐멘터리 작가'라는 직업을 가지고 있지. 그런데 '방송국 다큐멘터리 작가'는 어떤 일을 하는지, 어떻게 하면 될 수 있는지는 잘 모를 거야. 지금 스마트폰으로 '방송국 다큐멘터리 작가'에 대해 찾아볼까?

검색을 하면 구성작가의 한 종류라고 나와요. 구성작가란 텔레비전, 라디오, 인터넷 등의 오락프로그램, 교양물 등의 비드라마용 방송프로그램의 진행 원고를 작성하는 직업이고요.

다큐멘터리란 가공된 허구의 세계가 아니라 실재의 현실을 다룬다는 뜻인데, 현실을 생생하게 전달하는 영상물이에요.

그럼 방송국 다큐멘터리 작가는 방송국에서 일하며 현장의 생생한 모습이나 이야기를 전달하는 다큐멘터리를 제작할 때 내용의 원고를 작성하는 사람이라고 할 수 있겠네.

와, 아주 멋진 직업일 것 같아요.

멋있지만 또 매우 어려운 일을 하는 직업일 수도 있어. 왜냐하면 다큐멘터리란 특별한 자연환경이나 전쟁, 기아 등 쉽게 가 볼 수 없는 곳을 취재하는 경우도 많아서 체력도 강해야 하고 사명감도 있어야 하거든.

책 속 직업을 탐색하는 것도 재미있어요.

그럼 이번에는 〈청소년 부의 미래〉(청림출판)의 저자인 앨빈 토플러의 프로필을 한 번 읽어 보자.

미국의 미래학자. 1928년 뉴욕에서 태어나 뉴욕 대학을 졸업한 뒤 모교를 비롯 5개 대학에서 명예 박사학위를 받았다. 공장 노동자 생활을 했는가 하면 신문 기자로도 일했다. 1957년 이후로는 줄곧 저널리즘의 세계에서 활약하고 있으며, 1959년에서 1961년까지 3년에 걸쳐서는 『포춘』지의 부편집장을 지내기도 했다. 코넬 대학 객원교수 및 록펠러 재단 미래연구소 AT&T 회사의 컨설턴트로도 활동했다. 앨빈 토플러의 아내이자 미래학자인 하이디 토플러는 법학과 문학 등 여러 분야에서 명예박사 학위를 받았고 사회사상에 대한 기여를 인정받아 이탈리아 공화국 대통령 메달을 수상했다. 토플러 부부는 토플러 어소시에이츠를 공동 창설하여 세계 여러 나라의 정부와 기업들을 대상으로 경제와 기술의 발전, 사회 변화에 대해 조언했다. 저자의 주요 저서로는 〈문화소비자〉, 〈미래의 충격〉, 〈퓨쳐리스트〉, 〈에코스파즘〉 등이 있다.

 앨빈 토플러는 '미래학자'네요.

 미래학자를 지금 검색해 보니 '미래에 대해 연구하는 사람'이라고 정의가 돼 있어요.

그래, 미래학자들은 일어날 일에 대해 예견하려고 오늘날의 자료를 수집 분석하여 이론을 정립하고, 앞으로 나아가야 할 방향에 대해 주장을 하는 전문가들이야. 미래학자가 되기 위해서는 책이나 신문도 많이 읽어야 하고 다양한 자료들 속에서 행간을 읽는 통찰력이 매우 필요하지. 이렇게 책 속에서 새로운 직업을 발견하면 검색해서 바로바로 알아보거나 관련 직업에 대한 책을 찾아 읽으면 좋아.

독서가 새로운 직업을 이어 주는 훌륭한 사다리네요.

우리 준수의 비유 실력이 나날이 발전하는구나. 자신이 책 속에서 찾아낸 직업을 직접 찾아 분석해 보고 알아가는 것은 아주 즐겁고 의미 있는 일이야. 그 직업에서 요구하는 개인의 특성, 필요한 학력이나 전공, 관련 자격증까지 조사한다면 더 좋겠지. 그리고 창독을 하면서 자신의 관심과 재능을 탐색하여 세계 최고의 전문가를 꿈꾸어 보렴.

✎ **함께 해 봐요!**

※ '캠퍼스 멘토' 직업 이야기 시리즈를 읽고 각 직업의 특징과 자격 등을 조사하여 정리해 보세요.

1권 〈국회의원, 어떻게 되었을까〉 (저자 : 안광배)

▸ 특징 :

▸ 되는 과정 :

▸ 자격요건 :

2권 〈요리사, 어떻게 되었을까〉 (저자 : 지재우)

▸ 특징 :

▸ 되는 과정 :

▸ 자격요건 :

3권 〈프로게이머, 어떻게 되었을까〉 (저자 : 지재우)

▸ 특징 :

▸ 되는 과정 :

▸ 자격요건 :

4권 〈아나운서, 어떻게 되었을까〉 (저자 : 이민재)

▸ 특징 :

▸ 되는 과정 :

▸ 자격요건 :

5권 〈소방관, 어떻게 되었을까〉 (저자 : 이민재)

▸ 특징 :

▸ 되는 과정 :

▸ 자격요건 :

6권 〈교사, 어떻게 되었을까〉 (저자 : 한승배)

▸ 특징 :

▸ 되는 과정 :

▸ 자격요건 :

7권 〈쇼핑호스트, 어떻게 되었을까〉 (저자 : 김나영)

▸ 특징 :

▸ 되는 과정 :

▸ 자격요건 :

8권 〈승무원, 어떻게 되었을까〉 (저자 : 김달님)

▸ 특징 :

▸ 되는 과정 :

▸ 자격요건 :

9권 〈직업군인, 어떻게 되었을까〉 (저자 : 김미영)

▸ 특징 :

▸ 되는 과정 :

▸ 자격요건 :

10권 〈기자, 어떻게 되었을까〉 (저자 : 조재형)

▸ 특징 :

▸ 되는 과정 :

▸ 자격요건 :

11권 〈마케터, 어떻게 되었을까〉 (저자 : 윤영재)

▸ 특징 :

▸ 되는 과정 :

▸ 자격요건 :

12권 〈게임기획자, 어떻게 되었을까〉 (저자 : 원인재)

▸ 특징 :

▸ 되는 과정 :

▸ 자격요건 :

13권 〈의사, 어떻게 되었을까〉 (저자 : 한승배)

▸ 특징 :

▸ 되는 과정 :

▸ 자격요건 :

14권 〈무대감독, 어떻게 되었을까〉 (저자 : 조윤지)

▸ 특징 :

▸ 되는 과정 :

▸ 자격요건 :

15권 〈배우, 어떻게 되었을까〉 (저자 : 한상임)

▸ 특징 :

▸ 되는 과정 :

▸ 자격요건 :

창독 실행 5 / 저자처럼 사고하여 나를 변화시켜라

05

창독은 책을 읽는 것이 아니라~ 책이 창조되는 전체 과정을 읽는 거지!

책이 창조되는 전체 과정을 읽는다는 건 저자와 마주 앉아 교감하는 것과 같아. 그러니 창독은 책을 보는 것이 아니라 사실 저자와 교감한다는 표현이 어울릴 수도 있어.

창독은 독자가 저자의 마음을 갖는 거네요?

독자가 저자처럼 사고하는 것이기도 하고.

샘, 저자처럼 생각하는 게 쉽진 않겠죠?

쉽진 않겠지만 어렵지도 않지. 그냥 저자가 돼 보겠다는 마음만 먹으면 되니까. 저자가 경험한 것, 저자가 느꼈던 것, 저자가 깨달았던 것, 저자가 발견한 것, 저자가 정말 이야기하고 싶었던 것, 저자가 만났던 것, 저자가 만들고 싶었던 것, 저자가 꿈꾸었던 것, 저자가 그리워했던 것, 저자가 바랐던 것, 그것들에 공감해 보는 거야. 그러다 기회가 되면 저자와 실제로 만나도 보고. 저자 강연회나 사인회에 가 보거나 저자 프로필에 나와 있는 이메일로 질문을 보낼 수도 있지. 그런 만남이 우리의 운명을 바꾸는 거란다.

- 저자처럼 생각하라.
- 저자처럼 말하라.
- 저자처럼 나와 다른 모든 것을 소중히 여겨라.
- 저자처럼 독자가 무엇을 원하는지 찾아내라.
- 저자처럼 생각하며 독서노트를 정리하라.
- 저자처럼 생각하며 다른 사람에게 책 창조 과정을 발표하라.

 창독은 저자처럼 창조자가 되겠다는 마음이기도 해.

 창조의 과정을 알게 됐으니까요?

 그렇지. 결국 창독을 통해 우리가 생활 속에서 수많은 창조 작업을 보다 쉽게 해낼 수 있게 되지. 저자처럼 요리사가 되어 음식을 만들고 저자처럼 선생님이 되어 학생들을 가르치고 저자처럼 건축가가 되어 집을 짓고 저자처럼 자동차 디자이너가 되어 자동차를 만들 수 있지. 또 저자처럼 영화감독이 되어 영화를 제작하고 저자처럼 사장이 되어 사람들에게 행복과 편리함을 줄 상품을 만들 수 있단다.

- 저자처럼 자신의 경험과 실패, 추억을 소중히 여겨라.
- 저자처럼 영화감독을 꿈꾸고 저자처럼 요리사를 꿈꾸고 저자처럼 건축가를 꿈꾸고 저자처럼 선생님을 꿈꾸고 저자처럼 사장을 꿈꾸어라.
- 저자처럼, 영화감독처럼, 요리사처럼, 건축가처럼, 선생님처럼, 사장처럼 자신과 다른 사람의 이야기를 경청하고 사소한 것들을 소중히 여겨 창조의 재료로 삼아라.
- 저자처럼 한 분야의 최고 전문가를 꿈꾸어라.
- 저자처럼 진로의 설계도를 그려라.
- 저자처럼 꿈의 설계도를 그려라.

책 한 권에 우주 전체의 비밀이 숨어 있는 거 같아요.

우리의 이야기, 우리의 진로, 우리의 직업, 우리의 꿈, 우리의 미래.

하하, 너희들 창독을 이해하니 저절로 '연결 능력자'가 되었구나!

정말 책이 창조되는 과정, 아기가 태어나는 과정, 그리고 다른 여러 가지들이 창조되는 과정을 머릿속에 그려 보니 신기해요. 생각에 생각이 꼬리를 물고 연결되는 것 같아요.

작가 존 밀턴은 "한 권의 책이라도 자세히 읽어라."고 말했단다. 창독은 여기에서 한 걸음 더 나아가 "한 권의 책이라도 완전하게 읽어라."고 권한단다. '완전'이란 저자가 무에서 책을 탄생시킨 전체 과정을 읽는 것이지. 완전한 책읽기인 창독을 통해 너희들의 재능, 관심 분야, 독서 분야, 진로, 꿈을 하나로 연결시키렴. 독서가 너희들의 재능이나 꿈과 만날 때 창독은 아주 큰 힘이 돼 줄 거야.

- 저자처럼 재능, 관심 분야, 독서 분야, 진로, 꿈을 하나로 연결시켜라.
- 저자처럼 기존에 없는 새로운 것을 창조해 보라.
- 저자처럼 프로필을 써 보라.
- 저자처럼 자신의 책을 쓰겠다는 상상을 하라.
- 저자가 되어 직접 책을 써라.

✏️ 함께 해 봐요!

※ '저자처럼 사고하기'로 생활에 적용하고 실천할 수 있는 아이디어를 찾아 정리해 보세요.

1.

2.

창독 실행 6 / 창독 순서대로 책쓰기에 도전해 보라 06

독자 관점으로 책을 읽으면 과연 책을 직접 쓸 수 있을까?

아니요.

왜 그럴까?

아무리 책을 많이 읽어도 책의 내용에만 관심이 있다면 책을 어떻게 쓰는지 모를 거니까요.

그럼 저자 관점으로 창독을 많이 하면 책을 쓸 수 있을까?

왠지 책을 쓸 수 있을 것 같아요.

왜 그럴까?

아무래도 저자 관점에서 책을 계속 읽다 보면 책을 쓰는 전체 과정을 알게 되기 때문이죠.

그렇지. 창독을 한 사람들은 책을 잘 쓸 수 있어. 창독을 하는 과정, 노트를 정리하는 과정, 발표하는 과정이 바로 책을 쓰는 과정이니까. 결국 창독은 책을 쓰는 연습을 하는 것과 똑같은 의미지.

우리도 창독을 계속하다 보면 책을 쓸 수 있는 거네요?

창독을 하면 누구나 저자를 꿈꾸게 돼. 책을 쓸 수 있는 자신감이 생기게 되니까. 너희들도 언젠가 창독을 하다가 불현듯 책을 쓰고 싶다는 생각이 드는 순간이 올 거야. 그럼 망설이지 말고 도전해 보렴. 우린 이미 책을 쓰는 비법들을 다 터득한 상태이니까 용기를 가져.

저도 창독을 이해한 후 왠지 책을 쓸 자신감이 생겼어요.

저도 도전해 보고 싶어요.

그렇다면 정말 저자가 되어 '책쓰기 설계도'를 그려 볼까?

진짜요? 좋아요.

이미 우린 창독에서 책이 탄생하는 과정을 잘 알고 있으니까 책쓰기 설계도를 그리는 게 어렵지 않을 거야.

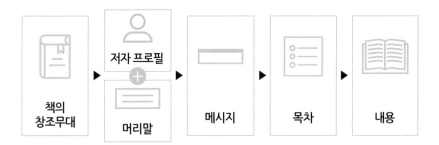

책이 창조되는 6가지 핵심 요소들로 설계도를 그리면 되죠?

설계도를 그렸다면 가장 첫 번째 단계에서 무엇을 확인해야 할까?

책의 창조무대를 생각해야 해요.

좋았어. 책의 창조무대에는 내가 쓸 책의 분야는 무엇인지, 시대의 트렌드는 어떤지, 나의 책을 읽어 줄 독자는 구체적으로 누구인지, 우리 시대 독자들이 무엇을 원하는지, 무엇을 필요로 하는지 진지하게 고민해 보는 거야.

두 번째 단계에서는 저자 프로필을 정리하는 거죠?

저자 프로필을 정리하기 위해선 내가 좋아하는 것, 내가 잘 하는 것, 나의 관심 분야 등을 찾아 자신을 잘 파악해야 해. 내가 좋아하는 소설을 직접 써 볼 수도 있고 내가 좋아하는 자전거 이야기나 내가 되고 싶은 꿈이나 직업을 연구하고 소개 할 수 있지.

나는 요즘 친구들이 좋아하는 판타지소설을 쓰고 싶어요.

나는 유튜브에 나오는 BJ에 관심이 많아요. 요즘 유명한 BJ가 되면 정말 돈도 많이 벌거든요. 내가 좋아하는 BJ들을 소개하는 책을 써 보고 싶어요.

여러 가지 아이디어들을 생각해 보고 가제목을 정하면 세 번째 단계로 넘어가게 되지.

세 번째 단계는 '머리말' 쓰기죠?

그렇지. 머리말은 미리 작성해 두는 게 좋아. 머리말이 책을 쓰는 과정에서 이정표가 돼 주는 거라고 했었지? 그래서 머리말에는 내가 선택한 예상독자들에게 이 책을 쓰게 된 동기, 의도, 목적을 밝혀 두는 거지. 머리말에는 책을 통해 전달하려는 주제, 주장, 핵심 아이디어를 소개하게 된다는 것도 말해 줬고. 사실 책의 분량으로 따지면 표지에서 머리말까지는 몇 페이지 되지 않지만 눈에 잘 보이지 않는다고 중요하지 않은 것이 아냐. 제목부터 머리말까지 짧은 페이지들 속에 책 한 권이 창조되는 모든 아이디어들이 숨어 있다고 봐야지.

머리말 뒤에는 '목차'를 정리하는 단계지요?

그렇지. 우리가 이미 잘 알다시피 나의 주장이나 이야기를 책이나 소설로 쓰기 위해서는 목차를 멋지게 만들어야 해. 책의 분야에 맞게 구성을 하면 되지만, 보통 1부, 2부 등이나 1장, 2장 등으로 분류하는 로직트리 기법을 활용하면 된다는 것도 알려 줬지? 설계도가 완성되면 그 다음엔 어떤 단계가 남았을까?

글쓰기요. 책 내용을 써야 해요.

그렇지.

짧은 글이 아니라 한 권의 책이라고 생각하니 막상 긴 글을 쓰기가 어려울 것 같은 생각이 드는데요?

그래서 저자에게는 목차가 중요한 거야. 글쓰기는 목차 설계도에 따라서 한 꼭지씩 써 나가면 돼. 뼈대가 있으면 조형물을 쉽게 만들 수 있고 스케치를 잘 해 놓으면 그림 그리기가 쉬운 것처럼 책도 목차라는 설계도에 따라 글을 쓰면 훨씬 쉽게 완성할 수 있게 되지. 사실 대부분의 작가들도 책 한 권을 한꺼번에 쓰는 게 아니란다. 설계도인 목차에 따라 한 꼭지씩 써 나가는 거지.
소설가들도 머릿속에 발단-전개-위기-절정-결말이라는 설계도와 등장인물의 구상을 해놓은 후 거기에 맞춰 글을 써 가는 거야. 설계도에 따라 계속 쓰다 보면 반드시 끝이 오지. 그럼 책이 완성되는 거고.

직접 글 쓰는 저자에게는 목차가 정말 중요한 거군요.

그렇지? 저자 관점에서 책을 바라보면 잘 보이지 않던 많은 것이 보이게 되지.

책을 쓸 때 도움이 되는 글쓰기 요령도 좀 알려 주세요.

책쓰기 할 때는 많은 글을 써야 하기 때문에 각 꼭지마다 핵심 단어를 미리 적어두면 훨씬 더 글을 빠르고 쉽게 쓸 수 있단다. 예를 들어 볼게.

제4차 산업혁명 시대, 왜 창의인재가 필요한가?

2030년. 중학생 A군. 주 3일 수업제. 공부. 인공지능. 스마트 업무시스템. '톡 네트' 스마트폰 단말기. 숙제. 예스.

 이렇게 이 글을 쓰기 위해 생각나는 핵심 단어들을 죽 적어 놓는 거지. 그런 후 시간이 날 때 문장으로 만드는 거야. 이런 식으로.

제4차 산업혁명 시대, 왜 창의인재가 필요한가?

2030년 5월 1일. 월요일이지만 중학생 A군은 학교에 등교하지 않는다.

주 3일 수업제가 시작된 지 벌써 1년이 됐다. 수업시간이 단축됐지만 공부량이 줄어든 건 아니다. 학습의 대부분은 인공지능 스마트 학습시스템과 함께 진행하고 있기 때문이다.

A군은 국가 학습시스템과 연결된 '톡 스터디 네트' 스마트폰 단말기에 대고 말했다.

"내일 오전 11시까지 중세시대 역사해석을 위한 기초 데이터와 선행연구사례를 수집해 숙제 초안을 정리해 줘."

인공지능 스마트 단말기는 부드러운 음성으로 답했다.

"넵, 알겠어요!"

 와, 이제 책 한 권이 어떻게 창조되는지 전체 그림이 좍 보이는 것 같아요.

 글쓰기 실력이 하루아침에 늘지는 않지만, 창독을 꾸준히 하고 노트를 정리하고 발표를 하다 보면 점점 글을 잘 쓰게 되니 너무 걱정할 필요는 없어. 참고로 다음 6가지 글쓰기 원칙만 잘 지키면 그 전보다는 훨씬 더 좋은 글을 쓸 수 있지.

1. 글을 쓰기 전 서론 - 본론 - 결론, 기승전결 등 이야기 구조를 설계하라.
2. 전달하고 싶은 메시지와 자신만의 특별한 경험, 에피소드를 결합시켜 써라.
3. 주장하는 글 뒤에는 반드시 근거를 제시하라.
4. 서사체, 대화체, 묘사체를 조화롭게 사용하라.
5. 긴 문장을 단문으로 끊어 써라.
6. 글을 쓴 후 소리 내어 읽어 보면서 퇴고를 거쳐라.

 지금까지 독서가 재미없고 필요없다고 생각했는데 이제 독서가 왜 중요한지 또 왜 창독이 필요한지 알게 됐어요.

 저도 창독이 왜 저자 관점인지, 책이 창조되는 과정으로 독서를 한다는 의미가 무엇인지 이제야 확실히 이해할 수 있게 됐어요.

다행이구나. 이제부터 너희들이 스스로 창독을 통해 자신의 꿈을 찾아 도전해 보길 바랄게. 파이팅!

함께 해 봐요!

※ 앞으로 꼭 쓰고 싶은 책을 상상한 후 다음 책쓰기 설계도를 참조하여 항목별로 자세히 정리해 보세요.

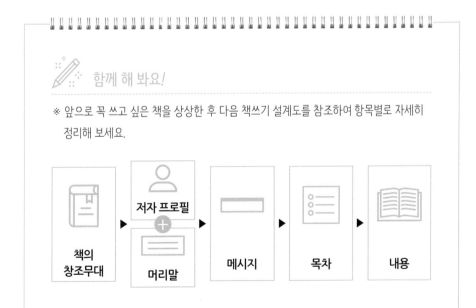

1. 책의 창조무대 :

2. 저자 프로필 :

3. 머리말 :

4. 메시지 :

5. 목차 :

6. 내용 :

※ 위 핵심 요소를 가지고 나만의 자세한 책쓰기 설계도를 그려 보세요.

창독을 지도할 선생님과 학부모님에게 띄우는 편지

"주입식교육, 암기교육, 입시교육은 창의적 사고력을 키우는 데 적합하지 않아요."

많은 전문가들이 학교교육의 종말을 예고합니다. 그래서 거꾸로 학습, 코딩교육, 발명교실, 각종 체험학습 등 다양한 창의교육들이 시도되고 있지요. 그러나 과연 이런 교육이 창의인재를 만들 수 있는지는 여전히 의문입니다.

'아이들이 체험을 통해 스스로 집을 지어 보고 발명도 해 본다. 채소를 가꾸어 보고 요리를 직접 해 본다. 프로그램도 코딩해 본다.' 사실 이건 그냥 체험 또는 경험일 뿐입니다. 다시 한 번 냉철하게 생각해 보아야 합니다.

창의인재란 문제 발견력, 원인 분석력, 문제 해결력, 아이디어 발상력, 우선순위 판단력, 예측력, 관점디자인 능력, 주도성, 인성과 관계성, 구조설계 능력, 표현력, 목표 성취력 등 사고력의 다양한 요소들을 고루 갖춘 사람을 말합니다. 이런 종합적 사고력이 바로 '창의성'의 진정한 본질입니다.

그럼 과연 이런 종합적 사고력을 어떻게 키울 수 있을까요? 과연 그런 방법이 있긴 할 걸까요? 그 답을 '창의방정식'에서 찾았습니다.

저는 공모전 전문가와 기자로 지난 15년간 20여 개 분야의 공모전에 출품된 수천 편의 수상작품들과 아이디어들을 분석했습니다. 수상자들과 심층인터뷰를 하면서 수상작들의 창조 과정이 모두 아기 탄생 과정과 일치한다는 사실을 발견했습니다.

기발한 아이디어도, 제안서도, 신기한 광고도, 톡톡 튀는 영상도, 좋은 에세이 글도, 심플한 디자인도, 선택받는 자기소개서도, 유용한 창업 아이템이나 기업혁신 전략 기획서도 모두 새로운 아기가 탄생하듯 똑같은 프로세스를 거쳐 세상에 나왔다는 사실입니다.

연구를 하면서 놀라운 건 그뿐만이 아니었습니다. 아기가 태어나듯 연인도, 부부도, 가족도, 학교도, 사회도 생겨났고 심지어 경제학이나 민주주의 같은 학문체계나 제도 역시 같은 패턴으로 창조되었습니다. 부분이 전체와 똑같은 '프랙탈 기하학'의 자연현상이나 '복잡계', '게임이론' 같은 복잡한 사회원리는 물론, '양자역학', '상대성이론' 등도 그저 아기 탄생 과정과 같은 패턴으로 작동되더라는 것입니다.

이런 창조 과정 안에서 앞서 소개한 문제 발견력, 원인 분석력, 문제 해결력, 아이디어 발상력, 우선순위 판단력, 예측력, 관점디자인 능력, 주도성, 인성과 관계성, 구조설계 능력, 표현력, 목표 성취력이라는 종합적 사고 능력이 자동으로 발현된다는 사실을 발견했습니다.

"이 놀라운 창의패턴을 간단한 공식으로 만들어 현실에 적용하면 누구나 단숨에 창조적인 사고를 할 수 있지 않을까?"

이렇게 만들어진 '창의방정식'을 가지고 대학생, 교수, 공무원, 기업인, 초·중·고생, 학부모 등을 대상으로 수천 번 이상 창의성 강의를 해 왔습니다.

특히 공모전 아카데미, 창업실전캠프, 공무원과 기업 창의혁신 세미나에 적용시켜 보니, 결과는 놀라웠습니다. 이 공식으로 사고하는 이들은 이전보다 문제의 핵심을 훨씬 잘 파악했고 훨씬 쉽게 창의적인 아이디어를 생각해 냈고 문제를 해결하는 능력을 보였습니다.

학생들은 단숨에 참신한 발명이나 창업 아이디어들을 떠올려 기획서로 만들어 발표하고 각종 공모전에 출품해 수상했습니다. 기업과 공무원 캠프에서도 혁신전략을 쉽게 찾아냈고, 개인은 자신의 장점과 콘텐츠를 세상의 니즈와 조합해 퍼스널 브랜드 비전 지도를 구체적으로 설계해 냈습니다.

이런 창의방정식을 독서방법에 적용한 것이 바로 이 책에 소개한 '창의독서법(창독)'입니다. 남녀노소 누구나 쉽게 접할 수 있는 책을 통해 우리의 종합적 사고력을 키울 수 있기 때문입니다.

책 한 권의 탄생에도 창의방정식이 작동된다는 사실은 우리에겐 기적과 같은 행운입니다. 창독을 통해 창의방정식의 비밀을 이해한 후 세상에 벌어지는 다양한 사건, 우주가 작동되는 원리를 우리 청소년들에게 알려 줄 수 있기 때문입니다.

창독은 우리가 그동안 생각해 왔던 독서에 대한 관점을 완전히 다르게 제시합니다. 책이나 작품을 탄생시키는 창조자 관점으로 봅니다. 시의 내용을 분석하여 단어의 의미를 암기할 게 아니라 시인의 생각주머니에서 이 시를 탄생시킨 창조 과정을 분석한 후 다시 그 패턴을 적용해 학생이 스스로 생각주머니를 만들어 자신의 시를 직접 쓸 수 있어야 합니다. 땅의 씨앗이 싹을 틔워 열매를 맺는 과정에서, 요리가 완성되는 과정에서, 광고나 디자인 한 작품, 또는 영상 한 편이 탄생하는 과정에서 책 한 권이 탄생하는 원리를 찾아낼 수 있어야 합니다. 그것이 진정한 '창의교육'의 방향이라고 생각합니다.

저는 초·중·고·대학 학생들을 위해 창의방정식을 '생각교과서'로 만들겠다는 비전을 갖고 있습니다. 창독을 소개하는 이 책은 생각교과서의 첫 번째 버전입니다. 그리고 이 책에 담아내지 못한 내용들은 다양한 버전의 생각교과서로 써 나갈 예정입니다.

이 책이 소개하는 창의독서법, 창독 진로노트, 직업창조 활동지가 학생들과 선생님, 자녀와 학부모들이 함께 성장할 수 있는 소중한 디딤돌이 되길 희망합니다.

지은이

내 꿈을 현실로 만드는 1인1책

창독
진로
노트

내 꿈을 현실로 만드는 1인1책

창독

진로
노트

학교 :

학년 :

이름 :

내가 만드는 창독 도서 리스트

오늘의 창독

1단계 — **도서 정보**

　– 제목, 지은이, 출판사, 독서기간
　– 책의 카테고리(지식정보 분야 조사)
　– 책의 분야

2단계 — **저자 프로필 정리**

　– 직업, 전문분야, 관심분야, 연구내용, 주요활동, 기존 저서 등

3단계 — **저자 의도**

　– 왜 저자는 이 책을 쓸 생각을 했을까?
　– 시대상황, 독자, 필요, 경험, 깨달음, 연구, 차별적 요소 등

4단계 — **저자 주장(책을 통해 전달하고자 하는 핵심메시지, 주제)**

5단계 목차 구성

- 전체 목차를 따라 정리
- 분량이 많은 경우 각 부나 장을 중심으로 주요 내용을 간추려 정리

6단계 내용(요약, 줄거리, 마인드맵 등 정리)

7단계 새로 만난 어휘 연구

8단계 기억하고 싶은 문장(명언)

9단계 느낀 점과 실천사항

- 깨달은 점, 궁금한 점, 저자에게 더 물어보고 싶은 점
- 내 문제나 삶에 적용하고 싶은 점, 아이디어, 실천목록

10단계 진로 탐색(저자 직업, 책 속 직업)

내가 만드는 창독 도서 리스트

No.	도서분류	저자	제목	출판사	page

내가 만드는 창독 도서 리스트

No.	도서분류	저자	제목	출판사	page

오늘의 창독   년   월   일

1단계 도서 정보

제목		지은이	
출판사		발간 연도	
도서 분류표		책의 분야	
독자층		읽은 기간	

2단계 저자 프로필 정리

저자 직업	
저자 관심사	
소속, 해 온 일, 특기, 저서 등	

3단계 저자 의도

저자의 주장(책을 통해 전달하고 싶은 핵심 메시지나 주제)

5단계 목차 구성

내용(요약, 줄거리, 마인드맵 등 정리)

7단계 새로 만난 어휘 연구

단어	의미	단어	의미

기억하고 싶은 문장(명언)

느낀 점과 실천사항

새로 알게 된 것(깨달은 점)	실천할 것, 적용해 볼 아이디어

진로 탐색(저자 직업, 책 속 직업)

1. 직업명(전문가)	2. 하는 일	3. 되는 과정	4. 준비(자격, 학력)

※ 창독 진로노트를 정리한 후 다른 사람에게 순서대로 발표해 보세요.

오늘의 창독

1단계 도서 정보

제목		지은이	
출판사		발간 연도	
도서 분류표		책의 분야	
독자층		읽은 기간	

2단계 저자 프로필 정리

저자 직업	
저자 관심사	
소속, 해 온 일, 특기, 저서 등	

3단계 저자 의도

4단계 저자의 주장(책을 통해 전달하고 싶은 핵심 메시지나 주제)

5단계 목차 구성

6단계 내용(요약, 줄거리, 마인드맵 등 정리)

7단계 새로 만난 어휘 연구

단어	의미	단어	의미

8단계 기억하고 싶은 문장(명언)

9단계 느낀 점과 실천사항

새로 알게 된 것(깨달은 점)	실천할 것, 적용해 볼 아이디어

10단계 진로 탐색(저자 직업, 책 속 직업)

1. 직업명(전문가)	2. 하는 일	3. 되는 과정	4. 준비(자격, 학력)

※ 창독 진로노트를 정리한 후 다른 사람에게 순서대로 발표해 보세요.

오늘의 창독

1단계 도서 정보

제목		지은이	
출판사		발간 연도	
도서 분류표		책의 분야	
독자층		읽은 기간	

2단계 저자 프로필 정리

저자 직업	
저자 관심사	
소속, 해 온 일, 특기, 저서 등	

3단계 저자 의도

4단계 저자의 주장(책을 통해 전달하고 싶은 핵심 메시지나 주제)

5단계 목차 구성

6단계 내용(요약, 줄거리, 마인드맵 등 정리)

7단계 새로 만난 어휘 연구

단어	의미	단어	의미

기억하고 싶은 문장(명언)

느낀 점과 실천사항

새로 알게 된 것(깨달은 점)	실천할 것, 적용해 볼 아이디어

진로 탐색(저자 직업, 책 속 직업)

1. 직업명(전문가)	2. 하는 일	3. 되는 과정	4. 준비(자격, 학력)

※ 창독 진로노트를 정리한 후 다른 사람에게 순서대로 발표해 보세요.

오늘의 창독

1단계 도서 정보

제목		**지은이**	
출판사		**발간 연도**	
도서 분류표		**책의 분야**	
독자층		**읽은 기간**	

2단계 저자 프로필 정리

저자 직업	
저자 관심사	
소속, 해 온 일, 특기, 저서 등	

3단계 저자 의도

4단계 저자의 주장(책을 통해 전달하고 싶은 핵심 메시지나 주제)

5단계 목차 구성

단어	의미	단어	의미

8단계 기억하고 싶은 문장(명언)

9단계 느낀 점과 실천사항

새로 알게 된 것(깨달은 점)	실천할 것, 적용해 볼 아이디어

10단계 진로 탐색(저자 직업, 책 속 직업)

1. 직업명(전문가)	2. 하는 일	3. 되는 과정	4. 준비(자격, 학력)

※ 창독 진로노트를 정리한 후 다른 사람에게 순서대로 발표해 보세요.

오늘의 창독   년   월   일

1단계 도서 정보

제목		지은이	
출판사		발간 연도	
도서 분류표		책의 분야	
독자층		읽은 기간	

2단계 저자 프로필 정리

저자 직업	
저자 관심사	
소속, 해 온 일, 특기, 저서 등	

3단계 저자 의도

4단계 저자의 주장(책을 통해 전달하고 싶은 핵심 메시지나 주제)

5단계 목차 구성

7단계 새로 만난 어휘 연구

단어	의미	단어	의미

기억하고 싶은 문장(명언)

느낀 점과 실천사항

새로 알게 된 것(깨달은 점)	실천할 것, 적용해 볼 아이디어

진로 탐색(저자 직업, 책 속 직업)

1. 직업명(전문가)	2. 하는 일	3. 되는 과정	4. 준비(자격, 학력)

※ 창독 진로노트를 정리한 후 다른 사람에게 순서대로 발표해 보세요.

오늘의 창독

년　월　일

1단계 도서 정보

제목		지은이	
출판사		발간 연도	
도서 분류표		책의 분야	
독자층		읽은 기간	

2단계 저자 프로필 정리

저자 직업	
저자 관심사	
소속, 해 온 일, 특기, 저서 등	

3단계 저자 의도

5단계 목차 구성

6단계 내용(요약, 줄거리, 마인드맵 등 정리)

7단계 새로 만난 어휘 연구

단어	의미	단어	의미

8단계 기억하고 싶은 문장(명언)

9단계 느낀 점과 실천사항

새로 알게 된 것(깨달은 점)	실천할 것, 적용해 볼 아이디어

10단계 진로 탐색(저자 직업, 책 속 직업)

1. 직업명(전문가)	2. 하는 일	3. 되는 과정	4. 준비(자격, 학력)

※ 창독 진로노트를 정리한 후 다른 사람에게 순서대로 발표해 보세요.

오늘의 창독 🔍 😊 😀   년   월   일

1단계 도서 정보

제목		지은이	
출판사		발간 연도	
도서 분류표		책의 분야	
독자층		읽은 기간	

2단계 저자 프로필 정리

저자 직업	
저자 관심사	
소속, 해 온 일, 특기, 저서 등	

3단계 저자 의도

4단계 저자의 주장(책을 통해 전달하고 싶은 핵심 메시지나 주제)

5단계 목차 구성

7단계 새로 만난 어휘 연구

단어	의미	단어	의미

기억하고 싶은 문장(명언)

느낀 점과 실천사항

새로 알게 된 것(깨달은 점)	실천할 것, 적용해 볼 아이디어

진로 탐색(저자 직업, 책 속 직업)

1. 직업명(전문가)	2. 하는 일	3. 되는 과정	4. 준비(자격, 학력)

※ 창독 진로노트를 정리한 후 다른 사람에게 순서대로 발표해 보세요.

오늘의 창독

1단계 도서 정보

제목		지은이	
출판사		발간 연도	
도서 분류표		책의 분야	
독자층		읽은 기간	

2단계 저자 프로필 정리

저자 직업	
저자 관심사	
소속, 해 온 일, 특기, 저서 등	

3단계 저자 의도

4단계 저자의 주장(책을 통해 전달하고 싶은 핵심 메시지나 주제)

5단계 목차 구성

단어	의미	단어	의미

8단계 기억하고 싶은 문장(명언)

9단계 느낀 점과 실천사항

새로 알게 된 것(깨달은 점)	실천할 것, 적용해 볼 아이디어

10단계 진로 탐색(저자 직업, 책 속 직업)

1. 직업명(전문가)	2. 하는 일	3. 되는 과정	4. 준비(자격, 학력)

※ 창독 진로노트를 정리한 후 다른 사람에게 순서대로 발표해 보세요.

오늘의 창독

1단계 도서 정보

제목		지은이	
출판사		발간 연도	
도서 분류표		책의 분야	
독자층		읽은 기간	

2단계 저자 프로필 정리

저자 직업	
저자 관심사	
소속, 해 온 일, 특기, 저서 등	

3단계 저자 의도

4단계 저자의 주장(책을 통해 전달하고 싶은 핵심 메시지나 주제)

5단계 목차 구성

7단계 새로 만난 어휘 연구

단어	의미	단어	의미

8단계 기억하고 싶은 문장(명언)

9단계 느낀 점과 실천사항

새로 알게 된 것(깨달은 점)	실천할 것, 적용해 볼 아이디어

10단계 진로 탐색(저자 직업, 책 속 직업)

1. 직업명(전문가)	2. 하는 일	3. 되는 과정	4. 준비(자격, 학력)

※ 창독 진로노트를 정리한 후 다른 사람에게 순서대로 발표해 보세요.

오늘의 창독 😊 😊 😊   년   월   일

1단계 도서 정보

제목		지은이	
출판사		발간 연도	
도서 분류표		책의 분야	
독자층		읽은 기간	

2단계 저자 프로필 정리

저자 직업	
저자 관심사	
소속, 해 온 일, 특기, 저서 등	

3단계 저자 의도

4단계 저자의 주장(책을 통해 전달하고 싶은 핵심 메시지나 주제)

5단계 목차 구성

6단계 내용(요약, 줄거리, 마인드맵 등 정리)

7단계 새로 만난 어휘 연구

단어	의미	단어	의미

8단계 기억하고 싶은 문장(명언)

9단계 느낀 점과 실천사항

새로 알게 된 것(깨달은 점)	실천할 것, 적용해 볼 아이디어

10단계 진로 탐색(저자 직업, 책 속 직업)

1. 직업명(전문가)	2. 하는 일	3. 되는 과정	4. 준비(자격, 학력)

※ 창독 진로노트를 정리한 후 다른 사람에게 순서대로 발표해 보세요.

오늘의 창독

1단계 도서 정보

제목		지은이	
출판사		발간 연도	
도서 분류표		책의 분야	
독자층		읽은 기간	

2단계 저자 프로필 정리

저자 직업	
저자 관심사	
소속, 해 온 일, 특기, 저서 등	

3단계 저자 의도

4단계 저자의 주장(책을 통해 전달하고 싶은 핵심 메시지나 주제)

5단계 목차 구성

내용(요약, 줄거리, 마인드맵 등 정리)

7단계 새로 만난 어휘 연구

단어	의미	단어	의미

8단계 기억하고 싶은 문장(명언)

9단계 느낀 점과 실천사항

새로 알게 된 것(깨달은 점)	실천할 것, 적용해 볼 아이디어

10단계 진로 탐색(저자 직업, 책 속 직업)

1. 직업명(전문가)	2. 하는 일	3. 되는 과정	4. 준비(자격, 학력)

※ 창독 진로노트를 정리한 후 다른 사람에게 순서대로 발표해 보세요.

오늘의 창독

년　월　일

1단계　도서 정보

제목		지은이	
출판사		발간 연도	
도서 분류표		책의 분야	
독자층		읽은 기간	

2단계　저자 프로필 정리

저자 직업	
저자 관심사	
소속, 해 온 일, 특기, 저서 등	

3단계　저자 의도

4단계 저자의 주장(책을 통해 전달하고 싶은 핵심 메시지나 주제)

5단계 목차 구성

7단계 새로 만난 어휘 연구

단어	의미	단어	의미

8단계 기억하고 싶은 문장(명언)

9단계 느낀 점과 실천사항

새로 알게 된 것(깨달은 점)	실천할 것, 적용해 볼 아이디어

10단계 진로 탐색(저자 직업, 책 속 직업)

1. 직업명(전문가)	2. 하는 일	3. 되는 과정	4. 준비(자격, 학력)

※ 창독 진로노트를 정리한 후 다른 사람에게 순서대로 발표해 보세요.

오늘의 창독 ⊙ ⊙ ⊙

1단계 도서 정보

제목		지은이	
출판사		발간 연도	
도서 분류표		책의 분야	
독자층		읽은 기간	

2단계 저자 프로필 정리

저자 직업	
저자 관심사	
소속, 해 온 일, 특기, 저서 등	

3단계 저자 의도

4단계 저자의 주장(책을 통해 전달하고 싶은 핵심 메시지나 주제)

5단계 목차 구성

내용(요약, 줄거리, 마인드맵 등 정리)

7단계 새로 만난 어휘 연구

단어	의미	단어	의미

8단계 기억하고 싶은 문장(명언)

9단계 느낀 점과 실천사항

새로 알게 된 것(깨달은 점)	실천할 것, 적용해 볼 아이디어

10단계 진로 탐색(저자 직업, 책 속 직업)

1. 직업명(전문가)	2. 하는 일	3. 되는 과정	4. 준비(자격, 학력)

※ 창독 진로노트를 정리한 후 다른 사람에게 순서대로 발표해 보세요.

청소년 1인1책
창의독서법

1판1쇄 찍음 _ 2018년 5월 14일

펴낸곳 _ (주)캠퍼스멘토
지은이 _ 이동조

기획 _ 1인1책 김준호(www.1person1book.com)
연구 _ 이민재 김민경 윤영재 조혜연
교육 _ 지재우 임철규 박성권 이경태 오승훈 송은민
관리 _ 이병민 김석기
디자인 _ 브랜드닷
본문캐릭터 _ 박운음 화백
발행인 _ 안광배
제작 _ 즐거운교실문화연구소

출판등록 _ 제 2012-000207
주소 _ 서울시 마포구 월드컵북로 6길 49, 2층
구입문의 _ (02)333-5966
팩스 _ (02)3785-0901
이메일 _ mentor@camtor.co.kr
홈페이지 _ http://www.campusmentor.org
값 _ 18,000원

ISBN 978-89-97826-22-3 (43020)

이 도서의 국립중앙도서관 출판예정도서목록(CIP)은 서지정보유통지원시스템 홈페이지(http://seoji.nl.go.kr)와 국가자료공동
목록시스템(http://www.nl.go.kr/kolisnet)에서 이용하실 수 있습니다.(CIP제어번호: CIP2018013069)